Stauden

Wohin pflanzt man sie?

ROY LANCASTER

Stauden

Wohin pflanzt man sie?

DER BESTE PLATZ IM GARTEN FÜR JEDE MEHRJÄHRIGE BLUME

DUMONT

EIN DORLING KINDERSLEY BUCH

Die Deutsche Bibliothek – CIP-Einheitsaufnahme

Stauden: Wohin pflanzt man sie? : der beste Platz im Garten für jede mehrjährige Blume/ Roy Lancaster. [Übers. aus dem Engl. und red. Betreuung: Kirsten Sonntag].
- Köln: DuMont, 1998
Einheitssacht.: What perennial where <dt.>
ISBN 3-7701-4349-3

Originaltitel: What Perennial Where

Übersetzung aus dem Englischen und redaktionelle Betreuung: Kirsten Sonntag, München
Satz: Meißner & Reisser, München

Printed and bound by Butler and Tanner, Great Britain
ISBN 3-7701-4349-3

INHALT

Hinweise zur Benutzung dieses Buchs

Mit diesem Buch möchte ich Ihnen bei der Auswahl der für einen gegebenen Standort bzw. eine bestimmte Gestaltungsabsicht geeigneten Stauden behilflich sein. Das Buch ist in fünf große Kapitel unterteilt: Boden und Lage, Besondere Verwendung, Blütenschmuck, Blattschmuck sowie Liebhaberstauden. In jedem dieser Kapitel stelle ich eine Auswahl entsprechender Pflanzen vor und liefere zusätzlich eine Liste weiterer geeigneter Stauden. Fehlt in den Beschreibungen der ausdrückliche Hinweis »immergrün« bzw. »halbimmergrün«, handelt es sich um krautige Stauden, deren Laub im Winter einzieht.

Was ist eine Staude?

Unter Stauden verstehe ich in diesem Buch hauptsächlich nicht verholzende Pflanzen mit einer Lebenserwartung von drei oder mehr Jahren. Die meisten der vorgestellten Pflanzen sind krautig; ihr Laub zieht gewöhnlich im Herbst oder Winter ein. Einige jedoch sind immergrün; sie behalten ihr Blattwerk im Winter. Wenige Stauden neigen zu Verholzung und haben immergrünes Laub. Halbsträucher wie etwa der Lavendel (*Lavandula*) bilden eine weitere Kategorie von Pflanzen mit verholzender Basis. Die Basis überdauert den Winter, auch wenn die anderen oberirdischen Pflanzenteile absterben.

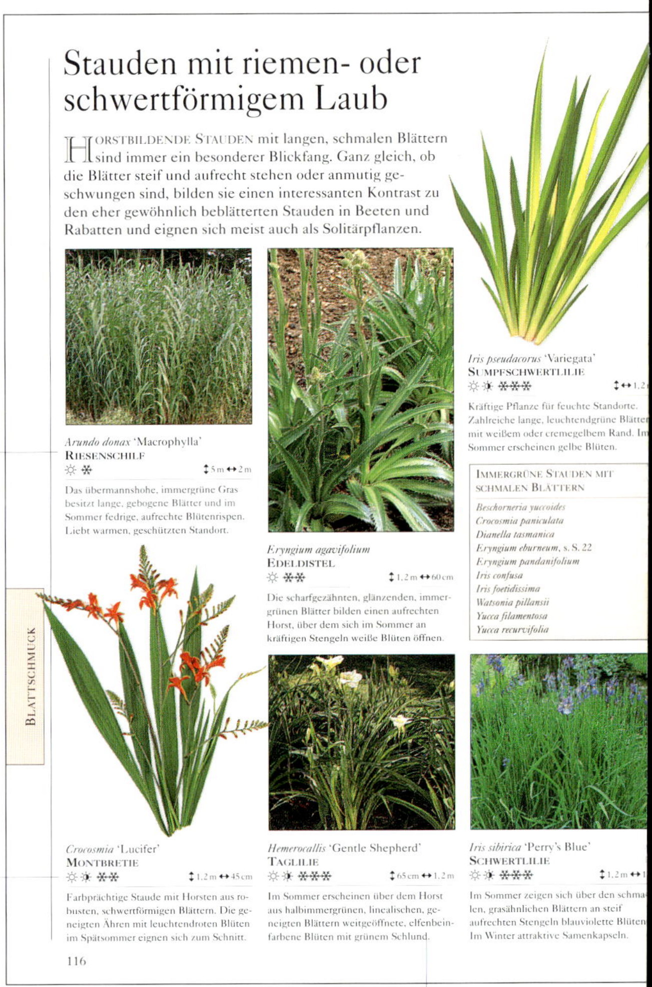

Blattschmuck

Stauden mit riemen- oder schwertförmigem Laub

Horstbildende Stauden mit langen, schmalen Blättern sind immer ein besonderer Blickfang. Ganz gleich, ob die Blätter steif und aufrecht stehen oder anmutig geschwungen sind, bilden sie einen interessanten Kontrast zu den eher gewöhnlich beblätterten Stauden in Beeten und Rabatten und eignen sich meist auch als Solitärpflanzen.

Arundo donax 'Macrophylla'
Riesenschilf
☼ ❄ ↕5 m ↔2 m
Das übermannshohe, immergrüne Gras besitzt lange, gebogene Blätter und im Sommer fedrige, aufrechte Blütenrispen. Liebt warmen, geschützten Standort.

Eryngium agavifolium
Edeldistel
☼ ❄❄ ↕1,2 m ↔60 cm
Die scharfgezähnten, glänzenden, immergrünen Blätter bilden einen aufrechten Horst, über dem sich im Sommer an kräftigen Stengeln weiße Blüten öffnen.

Iris pseudacorus 'Variegata'
Sumpfschwertlilie
☼ ◑ ❄❄❄ ↕↔1,2
Kräftige Pflanze für feuchte Standorte. Zahlreiche lange, leuchtendgrüne Blätter mit weißem oder cremegelbem Rand. Im Sommer erscheinen gelbe Blüten.

Immergrüne Stauden mit schmalen Blättern

Beschorneria yuccoides
Crocosmia paniculata
Dianella tasmanica
Eryngium eburneum, s. S. 22
Eryngium pandanifolium
Iris confusa
Iris foetidissima
Watsonia pillansii
Yucca filamentosa
Yucca recurvifolia

Crocosmia 'Lucifer'
Montbretie
☼ ◑ ❄❄ ↕1,2 m ↔45 cm
Farbprächtige Staude mit Horsten aus robusten, schwertförmigen Blättern. Die geneigten Ähren mit leuchtendroten Blüten im Spätsommer eignen sich zum Schnitt.

Hemerocallis 'Gentle Shepherd'
Taglilie
☼ ◑ ❄❄❄ ↕65 cm ↔1,2 m
Im Sommer erscheinen über dem Horst aus halbimmergrünen, linealischen, geneigten Blättern weitgeöffnete, elfenbeinfarbene Blüten mit grünem Schlund.

Iris sibirica 'Perry's Blue'
Schwertlilie
☼ ◑ ❄❄❄ ↕1,2 m ↔1
Im Sommer zeigen sich über den schmalen, grasähnlichen Blättern an steif aufrechten Stengeln blauviolette Blüten. Im Winter attraktive Samenkapseln.

116

Botanischer und deutscher Pflanzenname
Unter dem botanischen Pflanzennamen befindet sich die bekannteste deutsche Bezeichnung

Lichtbedarf, Winterhärte, pH-Wert des Bodens
Symbole für den Lichtbedarf und die Winterhärte sind bei jeder Beschreibung vorhanden; benötigt die Pflanze kalkfreien Boden, erscheint ein spezielles Symbol (siehe Kasten links)

Pflanzenbeschreibung
Liefert Angaben zur Blütezeit, zu besonderen Pfanzenmerkmalen sowie zu speziellen Standort- und Pflegeanforderungen

Symbole für die Winterhärte

Die Frostempfindlichkeit bzw. Winterhärte einer Pflanze wird von mehreren Faktoren beeinflußt: dem Standort (geschützt oder exponiert), örtlichen Bedingungen (Kleinklima), der naturbedingten Kältetoleranz der Pflanze, der Frostdauer und der Frage, ob die Pflanze dem Frost unmittelbar ausgesetzt ist. Viele winterharte Stauden können nach dem Neuaustrieb im Frühjahr durch Spätfröste Schaden nehmen. Die folgenden Symbole dienen als Richtschnur.

❄❄❄	*Winterhart – Pflanze übersteht gewöhnliche Wintertemperaturen*
❄❄	*Halbwinterhart – Pflanze benötigt in unseren Breiten Winterschutz*
❄	*Frostempfindlich - Pflanze benötigt Winterschutz bzw. muß in Innenräumen überwintert werden*

pH-Wert des Bodens

Die meisten Stauden gedeihen auf allen Böden. Jene, die unbedingt kalkfreie (saure) Böden benötigen, sind mit folgendem Symbol gekennzeichnet.

PH *Benötigt kalkfreien (sauren) Boden*

Symbole für den Lichtbedarf

Symbole geben die bevorzugten Lichtverhältnisse an, mehrere Symbole die Toleranzbreite.

☼	*Bevorzugt Sonne – Pflanze bevorzugt bzw. braucht soviel Sonne wie möglich*
◑	*Bevorzugt Teilschatten – Pflanze bevorzugt nicht zuviel bzw. indirekte Sonne*
☀	*Bevorzugt Schatten – Pflanze gedeiht mit wenig Licht, etwa unter Gehölzen*

PFLANZENNAMEN

In diesem Buch werden die allgemein üblichen botanischen Pflanzennamen gebraucht. Existiert kein deutscher Name für die Art, wird der allgemeine Gattungsname (etwa Nelke) genannt. Nur wenn kein deutscher Name bekannt ist, wird lediglich der botanische Name aufgeführt. Im Register finden sich sowohl die botanischen als auch die deutschen Namen.

HÖHE UND BREITE DER PFLANZEN

Pflanzenhöhe und -breite kann variieren. Die Angaben sind daher Durchschnittswerte für die vollentwickelten Pflanzen einschließlich Höhe der Blütenstengel.

↕	*Durchschnittliche Wuchshöhe*
↔	*Durchschnittliche Wuchsbreite*
↕↔	*Durchschnittshöhe und -breite*

BODEN UND LAGE

Vorgestellt werden in diesem Kapitel Stauden verschiedener Wuchshöhen, die sich für bestimmte Bodenarten und unterschiedliche Lichtverhältnisse eignen: *für schwere Lehmböden, sandige Böden, kalkfreie Böden, kalkhaltige Böden, trockene Böden in sonniger bzw. schattiger Lage, feuchte Böden in sonniger bzw. schattiger Lage sowie warme, geschützte Lagen.*

STAUDEN MIT RIEMEN- ODER SCHWERTFÖRMIGEM LAUB

iphofia 'Wrexham Buttercup'
CKELLILIE
✲✲ ↕1,2 m ↔60 cm
e langen, schmalen, bogig aufstreben-
n Blätter dieser Staude bilden einen
hten Horst. Im Sommer an kräftigen,
rechten Kolben gelbe Röhrenblüten.

Sisyrinchium striatum 'Aunt May'
GELBE BINSENLILIE
☼ ✲✲✲ ↕50 cm ↔30 cm
Die Pflanze besticht durch ihre in Fächern stehenden, schwertförmigen, graugrünen Blätter mit breiten, cremegelben Streifen. Blaßgelbe Blüten im Sommer.

ygonum macrophyllum
IRENKNÖTERICH
☼ ✲✲✲ ↕↔30 cm
bimmergrüne Staude mit lanzett-
nigen, auffallend geäderten Blättern.
Sommer und Herbst erscheinen dichte
en mit rosa bis roten Blüten.

Phormium tenax
NEUSEELÄNDER FLACHS
☼ ✲✲ ↕4 m ↔2 m
Wenige Stauden übertreffen die Wirkung dieser Pflanze mit ihren schwertförmigen, immergrünen Blättern und den dunkelroten Blütenständen im Sommer. 🏆

Yucca flaccida
PALMLILIE
☼ ✲✲ ↕55 cm ↔1,5 m
Zuverlässige, immergrüne Pflanze mit Rosette aus schmalen, dunkelblaugrünen Blättern mit ausfransenden Randfasern. Im Sommer hohe, cremefabene Blütenstände.

KRAUTIGE STAUDEN MIT SCHMALEN BLÄTTERN
Agapanthus 'Blue Giant', s. S. 84
Asphodelus albus
Bletilla striata
Crinum × powellii, s. S. 40
Crocosmia 'Emily McKenzie'
Gladiolus communis ssp. *byzantinus*, s. S. 33
Hemerocallis fulva 'Europa'
Iris 'Shelford Giant'
Kniphofia 'Royal Standard'
Moraea spathulata
Nerine bowdenii

BLATTSCHMUCK

117

- **HÖHE UND BREITE** *Durchschnittliche Höhe und Breite der vollentwickelten Pflanze*
- **DAUMENREGISTER** *Verrät auf einen Blick das jeweilige Kapitel (siehe auch rechts)*
- **WEITERE STAUDEN** *Auflistung weiterer für einen bestimmten Standort bzw. eine Gestaltungsabsicht geeigneter Pflanzen, gegebenenfalls mit Verweis auf die ausführliche Beschreibung*

🏆 • *Gütesiegel der* Royal Horticultural Society

MIT GÜTESIEGEL AUSGEZEICHNETE STAUDEN

Die englische Gartenbaugesellschaft *Royal Horticultural Society*, eine Institution mit Weltruf, verleiht Pflanzen von besonderer Qualität und Verläßlichkeit bzw. von außergewöhnlichem Zierwert das Gütesiegel *Award of Garden Merit*. Ein Symbol kennzeichnet diese Stauden.

🏆 *Gütesiegel*

BESONDERE VERWENDUNG

In diesem Kapitel werden Pflanzen nach ihrer Eignung für bestimmte Gartenbereiche wie Stein- oder Wassergärten, nach speziellen Verwendungsmöglichkeiten wie Gefäßkultur, Rabatten, Bodendecker, Schnitt, Blattschmuck, Samenstände oder Bienenweide sowie nach Resistenz gegenüber Einflüssen wie tierischen Schädlingen eingeteilt.

BLÜTENSCHMUCK

Um rund ums Jahr etwas Blühendes im Garten zu haben und mit den vielen unterschiedlichen Blütenfarben und -formen besondere Effekte schaffen zu können, werden die Stauden in diesem Kapitel nach Kategorien wie der Blütezeit, der Blühdauer, der Form der Blütenstände sowie nach Blütenfarben und Duft präsentiert.

BLATTSCHMUCK

Blattwerk bildet die Grundlage eines jeden Gartens. Die Stauden dieses Kapitels werden nach der Art ihres Laubs gruppiert: etwa nach Pflanzen mit großen Blättern, mit immergrünem, geteiltem, stachelbewehrtem, panaschiertem, golden, silbern, rot oder bronze gefärbtem Laub, nach Herbstfärbung und winterlichem Zierwert.

LIEBHABERSTAUDEN

Manche Pflanzen sind wegen ihres Laubs oder ihrer Blüten besonders begehrt. In diesem Kapitel werden Liebhaberstauden wie Storchschnabel, Funkie, Schneeglöckchen, Nieswurz, Elfenblume und Pfingstrose und zusätzlich sowohl als Solitär- wie auch als Gruppenpflanzen geeignete Stauden wie Bambus, Gräser und Farne vorgestellt.

BODEN & LAGE
BESONDERE VERWENDUNG
BLÜTENSCHMUCK
BLATTSCHMUCK
LIEBHABERSTAUDEN

EINFÜHRUNG

STAUDEN FINDEN SICH rund um den Erdball auf Wiesen, in Wäldern, in Küsten- und Gebirgsregionen und sind seit langem auch in unseren Gärten anzutreffen. Die Vertreter dieser großen, vielseitigen Pflanzengruppe sind meist einfach zu kultivieren und sorgen das ganze Jahr für wunderbare Blatt- und Blüteneffekte.

Coreopsis 'Moonbeam' mit zartgelben Blüten

△ DER GARTEN DES AUTORS *Viele blühende Stauden bilden zusammen mit Gehölzen ein ausgewogenes Ganzes.*

Meine ersten Erinnerungen an Gartenstauden sind die blauen, gefiederten Blüten der Bergflockenblume *(Centaurea montana)*, die ich als Junge im Garten meines Großvaters sah. Damals ahnte ich weder, daß mich die Suche nach heimischen Pflanzen durch die ganze Welt führen, noch daß ich das Gärtnern zu meinem Beruf machen würde. Seitdem habe ich viel über Stauden und ihre natürlichen Lebensräume gelernt, die von Gebirgswäldern und -wiesen bis hin zu Küsten- und Moorgebieten reichen. Die Beobachtung dieser Pflanzen sowohl in der Umgebung, die sie sich selbst aussuchen, als auch in unseren Gärten, wo wir ihnen den Platz zuweisen, hat mir viel über ihre Bedürfnisse, ihre Vorlieben und ihr enormes gärtnerisches

WARUM STAUDEN IM GARTEN?

Große Auswahl und Vielseitigkeit sind die beiden wichtigsten Pluspunkte dieser Pflanzengruppe. Es gibt keinen Garten, in dem nicht irgendeine Staude gedeihen würde. Bestimmte Stauden geben dem Garten eine Struktur; andere eignen sich als Bodendecker, lassen prächtige Rabatten entstehen oder gedeihen auch in Gefäßen. Mit ihren Blatt- und Blüteneffekten, ihren Samenständen und ihrem Duft setzen sie rund ums Jahr Glanzpunkte. Die meisten Stauden lassen sich in unseren gemäßigten Breiten leicht kultivieren und durch Aussaat, Stecklinge oder Teilung vermehren.

Helleborus argutifolius mit immergrünen Blättern

◁ NATÜRLICHER LEBENSRAUM *In der freien Natur wachsende Stauden geben uns Aufschluß über ihre Verwendung im Garten und liefern zudem Gestaltungsanregungen. Die Stauden auf dieser Gebirgswiese in der chinesischen Provinz Yunnan eignen sich in Kultur für einen sonnigen Platz im Steingarten.*

Potential verraten. Erstaunlicherweise entsprechen die Lagen und Böden, in denen Stauden in der Natur vorkommen, nicht immer den Bedingungen, die die Pflanzen in Gartenkultur bevorzugen, wenngleich sie als grobe Richtlinie dienen können.

ANPASSUNGSFÄHIGKEIT

Stauden sind in Kultur ausgesprochen anpassungsfähig und tolerieren mit wenigen Ausnahmen – wie etwa jene Pflanzen, die einen kalkfreien Boden benötigen – eine Vielzahl von Bedingungen. In diesem Zusammenhang sind auch Klimaansprüche zu erwähnen; Stauden, die in heißen, sonnigen Regionen beheimatet sind, werden sich in einem kühlen, vorwiegend schattigen Garten sicher nicht wohl fühlen. Aber auch hier haben erfinderische Gärtner Wege gefunden; sie kultivieren kälteempfindliche oder exotische Stauden in besonders geschützten Ecken oder setzen sie in Gefäße, die sich bei unpassenden Wetterbedingungen ins Haus bzw. Gewächshaus bringen lassen.

STAUDEN IM GARTEN

In meinem eigenen Garten in Hampshire kultiviere ich auf vorwiegend sandigem, durchlässigem Boden neben Bäumen und Sträuchern viele hundert Stauden. Auf der Grundlage meiner praktischen Erfahrung empfehle ich in diesem Buch die für einen bestimmten Boden bzw. eine gegebene Lage am besten geeigneten Stauden und gehe außerdem auf Zierwert und Verwendungsmöglichkeiten ein. Wenn dieses Buch dazu beiträgt, daß Sie eine unbepflanzte Stelle in Ihrem Garten mit einer Staude verschönern, hat es seinen Zweck erfüllt.

△ ATTRAKTIVE BODENDECKER *Viele niedrige oder mattenbildende Stauden lassen sich als Bodendecker einsetzen. Oft schattenliebend, eignen sie sich außerdem zur Auflockerung von Beetkanten und zur Unterpflanzung von Gehölzen.*

▽ PRÄCHTIGE RABATTEN *Nach wie vor beliebt sind die im späten 19. Jahrhundert erfundenen Staudenbeete, auf denen die Pflanzen nach Höhe und oft auch nach Blütenfarbe angeordnet werden.*

Mit Stauden gestalten

FORM UND FARBE spielen in der Gartengestaltung eine wichtige Rolle – und Stauden bieten die wohl reichste Auswahl dieser Zutaten. Ein gestalteter Garten umfaßt entweder Elemente wie etwa Wasser oder folgt einem Thema: historisch inspiriert, farblich abgestimmt, für Allergiker geeignet ... Und immer gilt: Je besser man die Stauden kennt, desto kreativer kann man sie einsetzen.

Platz, Lage, Klima und Boden sind die Faktoren, die die Gartengestaltung beeinflussen und die Wahl der Pflanzen bestimmen. Auch wenn besondere Bedingungen wie etwa sumpfiger Boden oder Küstenklima herrschen, ist die Auswahl an geeigneten Stauden noch groß genug. Bei der Planung sollte man nicht vergessen, daß Wuchsform und Laub mindestens genauso wichtig wie die Wirkung der Blüten sind, weil sie dem Garten über viele Jahre eine solide Basis verleihen, während die Blüten oft schnell verwelkt sind. Die Blätter vieler Stauden nehmen eine attraktive Herbstfärbung an, während andere den ganzen Sommer durch panaschiertes bzw. rund ums Jahr durch immergrünes Laub bestechen.

STAUDEN PFLANZEN
Bei Stauden in Beeten, Rabatten und Freiflächen sind ausreichende Pflanzabstände lebenswichtig (Ausnahme: Bodendecker). Nur so haben die Pflanzen die Möglichkeit, sich auszubreiten und eventuell auch auszusamen, was zu neuen Formen oder Hybriden führen kann. Kombinieren Sie Pflanzen mit ähnlichen Ansprüchen, und wählen Sie stets

△ BUNTER TOPF *Pflanzgefäße sind ideal für kleine Gärten. Blattstauden wie etwa* Houttuynia, Heuchera *und* Tolmiea *machen lang Freude.*

▷ GROSSZÜGIGE GESTALTUNG *Große Gärten bieten viele Anregungen. Höhen- und Farbkontraste kann man auch in kleinem Rahmen nachbilden.*

▽ FORM UND FARBE *Die unterschiedlichen Wuchsformen, Blätter und Blüten von Melisse* (Melissa), *Leinkraut* (Linaria) *und Storchschnabel* (Geranium) *schaffen Spannung.*

△ FARBSPEKTRUM *Beeindruckende Effekte kann man auch mit wenigen Arten erreichen. Verschiedene Formen derselben oder einer ähnlichen Pflanze sorgen wie in dieser Rabatte mit Fetthennen* (Sedum) *für große Wirkung.*

△ NATÜRLICHE PFLANZUNGEN *Tuffs aus Gräsern und anderen Stauden schaffen in dieser Rabatte eine aufgelockerte Wirkung. Die gemäß ihren natürlichen Standorten verwendeten Pflanzen erfordern wenig Pflege.*

Arten aus, die sich am besten für die vorhandenen Bedingungen eignen. Auf diese Weise erhalten Sie kräftige, gesunde Pflanzen, die einfach zu pflegen sind.

GESTALTUNGSMUSTER

Große Landschaftsgärten sind der ideale Hintergrund für spektakuläre, ideenreiche Gestaltungen. Dennoch dürfen sich auch Gärtner mit einen winzigen Fleckchen Land von den wunderbaren Staudenrabatten, die man an solchen Orten oft antrifft, inspirieren lassen. Mit kleinen Gruppen kompakt wachsender Stauden kann man die Blatt- und Blüteneffekte der Prachtrabatten auch in überschaubarem Rahmen mühelos nachbilden. Alternativ läßt sich eine einzige Solitärstaude als besonderer Blickfang einsetzen. Gerade für kleine Gärten, Höfe und Patios eignen sich Pflanzgefäße, in denen Bambus, Farne und viele andere Blatt- und Blütenstauden gut gedeihen.

Im »bunten Staudengarten« indes ist die Auswahl individueller Pflanzen wichtiger als ein starres Gestaltungsmuster; die sorgfältige Planung von Beeten und Wegen wird Ihnen allerdings helfen, sich in dem bunten Wirrwarr zurechtzufinden.

NATÜRLICHE WIRKUNG

Naturnahe Pflanzungen sind durch den natürlichen Lebensraum der entsprechenden Pflanzen inspiriert. In ausreichend großen Gärten lassen sich Wald-, Wasser- und Wiesenlandschaften nachbilden.

Im naturnahen Garten steht nicht die Pflanzenvielfalt an erster Stelle, sondern die natürliche Verwendung weniger Hauptpflanzen, die in Kombination mit anderen, für sich allein oder als Unterpflanzung von Gehölzen eingesetzt werden. Die ausgewählten Pflanzen müssen sich in ihrer Umgebung behaupten können, vor allem wenn sie in einer Grasfläche oder an einem besonders schattigen Platz wachsen; aus diesem Grund eignen sich für diesen Zweck Zwiebel- bzw. Knollenpflanzen und robuste horstbildende oder schnellkriechende Stauden am besten.

Eine immer beliebtere Variante des naturnahen Gartens sind die sogenannten natürlichen Pflanzungen. Hierbei werden Rabatten und Beete nur lose mit Stauden einschließlich Ziergräsern bepflanzt. Die willkürlich zusammengestellten Pflanzengruppen formalerer Gestaltungsmuster fehlen, da der naturnahe Stil das Ziel verfolgt, die Wirkung wilder Wiesen und Matten zu imitieren. Je nach Geschmack und vorhandenem Platz kann man auch nur einige Gräser in eine kompakte Staudenrabatte einfügen oder, in größeren Gärten, naturgetreuere Bereiche schaffen. Auch hier ist wichtig, daß die Stauden einen geeigneten Standort bekommen. Das Ergebnis ist ein einfach zu pflegender Garten, in dem wenig Bewässerung und Pflanzenschutz vonnöten sind und der viele Tiere anziehen wird.

WICHTIGE FAKTOREN BEI DER GESTALTUNG MIT STAUDEN

Licht Wann welcher Teil des Gartens im Schatten liegt, beeinflußt die Pflanzenauswahl ganz entscheidend. Viele Stauden gedeihen im Schatten, anderen brauchen ganztägig volle Sonne.

Frosthärte Wählen Sie Pflanzen, die mit dem örtlichen Klima zurechtkommen. In kalten Regionen überdauern frostempfindliche Stauden den Winter eventuell an geschützten Stellen oder in Gefäßen.

Form und Farbe Blüten bringen Farbe in den Garten, verwelken aber meist schnell. Attraktive Blattstauden hingegen bieten oft rund ums Jahr interessante, spannungsreiche Effekte.

Struktur Nutzen Sie die Vielfalt der Wuchsformen und -höhen, um formalen Gestaltungen Struktur zu verleihen, und setzen Sie Stauden gezielt als Bodendecker oder Sichtschutz ein.

Naturnähe Viele Stauden, vor allem Zwiebel- und Knollenpflanzen, wirken in Tuffs besonders in Randbereichen sehr natürlich. Auch unter Gehölzen und Rosen kommen sie gut zur Geltung.

Besondere Verwendung Viele Stauden haben schönes Laub oder Samenstände, die zum Schnitt geeignet sind. Sie lassen sich zur Verschönerung von Mauern, Wegen oder anderen Elementen einsetzen.

Stauden rund ums Jahr

JEDE JAHRESZEIT hat ihren unverwechselbaren Charakter und bringt neue Aspekte in den Garten. Stauden spiegeln den jahreszeitlichen Wandel durch stetige Veränderungen in Wachstum, Laub und Blüten besonders gut wider. Frühling und Sommer werden zwar in der Regel als Höhepunkt des Gartenjahres betrachtet, aber mit etwas Planung und Pflanzenkenntnis kann man Stauden so geschickt einsetzen, daß sie sowohl durch ihre Blütenpracht als auch durch ihr Blattwerk rund ums Jahr farbenfrohe und spannungsreiche Effekte bieten.

STAUDEN MIT LANGANHALTENDER SCHMUCKWIRKUNG

Ajuga reptans 'Jungle Beauty', s. S. 46
Bergenia 'Bressingham Ruby'
Cardiocrinum giganteum var. *yunnanense*, s. S. 38
Cyclamen hederifolium, s. S. 96
Darmera peltata, s. S. 60
Dryopteris erythrosora, s. S. 140
Hakonechloa macra 'Aureola', s. S. 124
Lamiastrum galeobdolon 'Hermann's Pride', s. S. 35
Paeonia mlokosewitschii, s. S. 149
Rodgersia podophylla, s. S. 133
Sasa veitchii, s. S. 135

In Blüten und Blattwerk drücken sich die Jahreszeiten im Garten am deutlichsten aus. Manche Stauden blühen zwar nur relativ kurz, und man freut sich das ganze Jahr lang auf die spektakuläre, farbenfrohe Pracht. Andere Stauden indes blühen verläßlich über Monate hinweg und schlagen Jahr für Jahr die Brücke zwischen den Jahreszeiten. Diese Pflanzen sind besonders in weniger großen Gärten wichtig, wo jedes Gewächs im Gestaltungsmuster einen bestimmten Zweck erfüllen muß. Stauden mit attraktivem Laub bilden sogar noch länger einen Blickfang und sind vor allem in kleinen Gärten unverzichtbar. Zwar färbt sich das Laub vieler Stauden im Herbst tiefrot, leuchtend orange oder sattgelb doch lohnt es sich in jedem Fall, einige Exemplare jener Stauden zu pflanzen, die immergrünes, farbiges oder panaschiertes Blattwerk besitzen, damit auch weit über die Blütezeit hinaus für Effekte gesorgt ist.

FRÜHLING

Der Austrieb der Stauden im Frühling ist für viele Gärtner eines der spannendsten Ereignisse des ganzen Jahres. Die Wurzelstöcke, die den ganzen Winter in der Erde überdauert haben, bringen nun kräftige, oft leuchtend gefärbte junge Triebe hervor. Noch bevor viele Bäume und Sträucher aus dem Winterschlaf erwachen, zeigt sich dieser frische Austrieb. Zwiebel- und Knollengewächse sorgen für erste Blüten; besonders hübsch sind sie in Gruppenpflanzungen, naturnahen Pflanzungen oder unter Gehölzen. Tulpen,

△ FRÜHLINGSGEFÄSS *Zwiebelgewächse wie diese Narzissen eignen sich sowohl fürs Freiland als auch für Pflanzgefäße und bringen schon früh im Jahr Farbe in den Garten.*

▷ SOMMERRABATTE *Stauden können den Garten den ganzen Sommer über in den herrlichsten Farben erstrahlen lassen. In dieser prächtigen Rabatte blühen zwischen vielen anderen Pflanzen Rittersporn, Lupinen, Hundskamille, Nachtkerze und Storchschnabel.*

△ SPÄTHERBST *Nach der Blüte bringen viele Stauden dekorative Samenstände hervor. Schneidet man sie nicht gleich ab, bieten sie mit Reif oder Eis überzogen einen bizarren Anblick.*

◁ HERBSTFÄRBUNG *Das bunte Laub des Felsenstorchschnabels* (Geranium macrorrhizum) *bildet die Kulisse für die Herbstzeitlosen. Nach dem Verblühen verändert sich die Laubfärbung weiter.*

Osterglocken und viele andere Zwiebel- und Knollengewächse eignen sich auch für Pflanzgefäße und zum Schnitt.

SOMMER

Nach dem ersten Rausch der Frühlingsblüte geht es im Garten etwas gemächlicher weiter. Jetzt kommen viele der beliebten Beetstauden wie Scharfgarbe, Sonnenauge, Alant und die hochwachsenden Margeriten-Arten zum Zuge; längerblühende Stauden wie etwa die Nachtkerze erfreuen uns sogar bis in den Herbst hinein. Im Sommer erreichen die Stauden mit ihrem stattlichen Wuchs und üppigen Laub ihre endgültige Größe und prägen die Gartenszene unübersehbar. In Gegenden mit trockenen, heißen Sommern lassen sich vorzüglich wärmeliebende Stauden wie die Palmlilie und die Alpendistel kultivieren.

HERBST

Spätblühende Stauden und solche mit Früchten oder buntem Laub können den herbstlichen Garten in ein wahres Farbenmeer verwandeln. Neben späten Zwiebel- und Knollenpflanzen wie der Herbstzeitlosen blühen jetzt Goldrute und Herbstastern. Auch Laub spielt eine wichtige Rolle – die einziehenden Blätter von krautigen Stauden wie etwa dem Storchschnabel *Geranium wlassovianum* bringen Purpur-, Gelb- und Rottöne ins Spiel, die sich zu den Fruchtständen anderer Pflanzen gesellen. Vorausschauende Gärtner verwenden darüber hinaus in Rabatten und Pflanzgefäßen Ziergräser wie etwa das beeindruckende Pampasgras, dessen dekorative Samenstände bis weit in den Winter hinein erhalten bleiben.

WINTER

Viele Gärtner mögen die Wintermonate am wenigstens, doch muß der Garten in dieser Zeit nicht vollkommen schmucklos daliegen.

▷ WINTER *Stauden bringen auch in eisiger Kälte Grün in den Garten.* Bergenia *'Bressingham Ruby' bildet hier den Hintergrund für die Schneeglöckchen.*

Zahlreiche Stauden wie beispielsweise Bambus besitzen attraktives wintergrünes oder immergrünes Laub, oft erscheint es sogar in leuchtenden Farben. Darüber hinaus bieten diese Blattpflanzen den winter- und spätwinterblühenden Christrosen und dem Lungenkraut sowie den ersten Schneeglöckchen, die den Frühling einläuten, einen hübschen Hintergrund. Stauden, deren Samenstände oder eingezogenes Laub den Winter überdauert haben, sorgen für weitere spannungsreiche Effekte.

BODEN UND LAGE

DER IN IHREM GARTEN vorhandene Boden sowie die herrschenden Lichtverhältnisse stellen bei der Pflanzenauswahl zwei entscheidende Faktoren dar. Viele Stauden passen ihre Bedürfnisse zwar den Gegebenheiten an, doch je mehr man ihren Ansprüchen an Boden und Licht entgegenkommt, desto besser gedeihen sie.

Anemonopsis macrophylla
für feuchte, schattige Lagen

Böden können in punkto Beschaffenheit und chemischer Zusammensetzung ganz beträchtlich variieren. Die meisten Stauden gedeihen zwar auf sogenanntem »guten Gartenboden«, doch einige Arten stellen speziellere Ansprüche.

Wenn Sie wissen möchten, welcher Boden in Ihrem Garten vorhanden ist, vergleichen Sie seine Farbe und Beschaffenheit mit den rechts abgebildeten Beispielen.

Alle Pflanzen benötigen ein bestimmtes Maß an Sonnenlicht, um zu überleben. Doch während manche Arten volle Sonne brauchen, bevorzugen andere den Schatten. Viele Stauden gedeihen im Halbschatten von Gebäuden oder im lichten Schatten bestimmter Laubbäume. Handelt es sich jedoch um einen immer tiefschattigen Platz unter dichten Gehölzen oder Immergrünen, müssen die Stauden sorgfältig ausgewählt werden. Im folgenden Kapitel werden Stauden für alle Boden- und Lichtansprüche vorgestellt.

UNTERSCHIEDLICHE BÖDEN

Der Anteil von Lehm bzw. Sand bestimmt den Gartenboden. Dieser kann schwer (feucht, schlecht durchlässig) oder leicht (trocken, gut durchlässig) sein. Der pH-Wert gibt auf einer Skala von 1 bis 14 an, ob der Boden sauer oder alkalisch ist. Unter 7 (neutral) liegt ein saurer Boden vor, darüber ein alkalischer (kalkhaltiger).

NORMALEN BODEN *vertragen die meisten Pflanzen. Neutral bis leicht sauer und feucht, aber durchlässig.*

SCHWERER LEHMBODEN *kann sehr fruchtbar sein, aber er staut leicht Nässe bzw. wird im Sommer hart.*

SANDIGER BODEN *ist leicht und gut durchlässig, speichert aber nur schlecht Nährstoffe und Wasser.*

KALKFREIER BODEN *ist sauer, oft reich an organischen Bestandteilen, dunkler und speichert Feuchtigkeit.*

ALKALISCHER BODEN *enthält Kalk bzw. Kreide, ist eher hell und steinig sowie gut durchlässig und fruchtbar.*

△ SCHATTENRABATTE *Viele Stauden, wie hier Funkien und Iris, bevorzugen halbschattige Lagen und feuchte Böden.*

◁ SONNIGE ECKEN *Geschützte Flecken sollten Sie für sonnenliebende bzw. kälteempfindliche Stauden reservieren.*

▷ TROCKENE BÖDEN *Fetthennen, Disteln und Ziergräser lieben volle Sonne und durchlässige Böden.*

Niedrige bis halbhohe Stauden für schwere Lehmböden

SCHWERE LEHMBÖDEN sind im Winter oft naß und klebrig, in trockenen Sommern hingegen krustig und hart. Gut durchgearbeitet und gemulcht, sind sie jedoch fruchtbar und für viele Stauden geeignet. Die folgenden Pflanzen bleiben unter 90 cm und empfehlen sich für kleine Gärten bzw. als Vordergrundbepflanzung für breite Rabatten und Beete.

WEITERE NIEDRIGE BIS HALBHOHE STAUDEN FÜR SCHWERE LEHMBÖDEN

Astilbe 'Rheinland'
Astrantia major 'Shaggy', s. S. 100
Brunnera macrophylla, s. S. 78
Polemonium 'Lambrook Mauve', s. S. 79
Primula denticulata
Prunella grandiflora
Stachys macrantha, s. S. 93
Thermopsis rhombifolia, s. S. 79
Veronica gentianoides

Ajuga reptans 'Multicolor'
GÜNSEL
☼ ❄❄❄ ↕ 15 cm ↔ 90 cm

Immergrüne, mattenbildende Kriechpflanze mit bronze überlaufenen, rosa und cremefarben geschmitzten Blättern. Kurze Ähren mit tiefblauen Blüten im Frühsommer.

Aster x *frikartii* 'Mönch'
HERBSTASTER
☼ ❄❄❄ ↕ 70 cm ↔ 40 cm

Dankbare Pflanze mit großen, andauernden, lavendelblauen Sternblüten mit gelber Mitte von Spätsommer bis Herbst. Eventuell Stütze erforderlich.

Campanula takesimana
GLOCKENBLUME
☼ ☀ ❄❄❄ ↕ 50 cm ↔ 1 m

Die auf Lehmböden zuverlässige Staude hat aufrechte Stengel, herzförmige Blätter und im Sommer nickende, weiße, rosa überhauchte, innen getupfte Blüten.

Aquilegia vulgaris 'Nora Barlow'
GEWÖHNLICHE AKELEI
☼ ☀ ❄❄❄ ↕ 90 cm ↔ 45 cm

Im Frühling/Frühsommer erscheinen an langen, aufrechten Stielen über üppigem, tiefgeteiltem Laub jeweils mehrere nickende, blaßgrün-rote Blüten.

Bergenia crassifolia
BERGENIE, LÖFFELBLATT
☼ ☀ ❄❄❄ ↕ ↔ 45 cm

Horstbildende Staude mit großen, lederartigen, immergrünen Blättern. Die rötlichen Stengel tragen im zeitigen Frühjahr dunkelrosa Blüten.

Hemerocallis 'Stella de Oro'
TAGLILIE
☼ ❄❄❄ ↕ 30 cm ↔ 45 cm

Im Frühsommer erscheinen nach und nach viele leuchtendgelbe Blüten über einem Horst aus schmal riemenförmigen, halbimmergrünen Blättern. Sehr zuverlässig.

Hosta 'June'
Funkie, Herzblattlilie
☼ ☀ ❄❄❄ ↕ 40 cm ↔ 70 cm

Diese hübsche Blattstaude, eine Spielart von *H.* 'Halcyon', hat fleischige, länglich gespitzte, gelb panaschierte Blätter. Lavendelgraue Blüten im Sommer.

Lamium orvala
Grossblütige Taubnessel
☼ ☀ ❄❄❄ ↕↔ 50 cm

Horstbildende Staude mit zart behaartem, nesselförmigem Laub und quirlständigen, zweilippigen, rosa bis violettrosa Blüten von Spätfrühling bis Sommer.

Paeonia 'Laura Dessert'
Pfingstrose, Päonie
☼ ❄❄❄ ↕ 75 cm ↔ 60 cm

Im Frühsommer erscheinen große, duftende, cremefarbene, außen rosa überhauchte, gefüllte Blüten über tiefeingeschnittenen, hellgrünen Blättern. 🏆

Ranunculus aconitifolius 'Flore Pleno'
Eisenhutblättriger Hahnenfuss
☼ ☀ ❄❄❄ ↕ 60 cm ↔ 45 cm

Traditionelle, sehr beliebte Staude mit tiefeingeschnittenen Blättern und gefüllten, weißen Blüten an verzweigten Stielen im Frühling bis Frühsommer. 🏆

Prunella grandiflora 'Loveliness'
Braunelle
☼ ❄❄❄ ↕ 15 cm ↔ 30 cm

Mattenbildende, halbimmergrüne Staude mit aufrechten Stielen, die im Sommer quirlständige, zweilippige Blüten in Zartviolett tragen. Guter Bodendecker.

Rudbeckia fulgida var. *sullivantii* 'Goldsturm' **Sonnenhut**
☼ ☼ ❄❄❄ ↕ 60 cm ↔ 45 cm

Bei guter Bewässerung im Sommer zuverlässige Staude. Von Spätsommer bis Herbst erscheinen große, goldgelbe Korbblüten mit dunkler Mitte. 🏆

Halbhohe bis hohe Stauden für schwere Lehmböden

MANCHE STAUDEN besitzen ein dichtverzweigtes Wurzelwerk, andere hingegen lange Pfahlwurzeln, die ihnen das Überleben sichern, solange sie nicht zu naß stehen. Die folgenden 1 bis 2 m hohen Stauden sind dankbar, wenn die Durchlässigkeit des Bodens durch grobkörnigen Sand und Kompost verbessert wird.

Aconitum × *cammarum* 'Bicolor'
BAYERISCHER EISENHUT
☼ ◐ ❄❄❄ ↕ 1,2 m ↔ 60 cm

Die kräftige Staude besitzt tiefgeteilte, scharfgezähnte, dunkelgrüne Blätter und trägt im Sommer an verzweigten Trauben helmartige, blau-weiße Blüten. 🏆

Centaurea macrocephala
GELBE RIESENFLOCKENBLUME
☼ ❄❄❄ ↕ 1,5 m ↔ 90 cm

Während des Sommers erscheinen große, kornblumenähnliche, goldgelbe Blüten mit braunglänzenden Hüllblättern auf aufrechten, beblätterten Stielen.

Delphinium 'Emily Hawkins'
RITTERSPORN
☼ ❄❄❄ ↕ 1,7 m ↔ 60 cm

Rittersporn sollte auch auf Lehmböden in keiner Staudenrabatte fehlen. Diese Sorte trägt im Sommer in langen Ähren hellviolette Blüten mit Rehaugen. 🏆

Aruncus dioicus
WALDGEISSBART
◐ ● ❄❄❄ ↕ 2 m ↔ 1,2 m

Die beeindruckende, horstbildende Staude mit großen, vielgeteilten, farnartigen Blättern trägt im Sommer fedrige Rispen aus cremeweißen Blüten. 🏆

Cimicifuga simplex 'Scimitar'
OKTOBERSILBERKERZE
☼ ◐ ❄❄❄ ↕ 2 m ↔ 60 cm

Aufrechte Staude mit langen Trauben aus winzigen, weißen Blüten, die sich im Herbst über dem üppigen Horst aus tiefgeteilten, farnartigen Blättern erheben.

Eupatorium purpureum 'Atropurpureum'
ROTER WASSERDORST
☼ ❄❄❄ ↕ 2,2 m ↔ 1,2 m

Die kuppelförmigen Dolden aus violettrosa Blüten ziehen von Sommer bis Herbst Bienen und Schmetterlinge an. Aufrechte, beblätterte, violette Stengel.

Helianthus 'Capenoch Star'
STAUDENSONNENBLUME
☼ ◐ ❄❄❄ ↕1,5 m ↔90 cm

Über dem scharfgezähnten Laub der horstbildenden Staude erscheinen von Sommer bis Herbst an verzweigten Stengeln große, zitronengelbe Blüten mit dunkler Mitte. 🏆

Polygonum amplexicaule 'Firetail'
KERZENKNÖTERICH
☼ ◐ ❄❄❄ ↕1,2 m ↔90 cm

Zuverlässige, stockbildende Rabattenstaude, an deren beblätterten Stengeln von Sommer bis Herbst lange, schlanke Ähren mit leuchtendroten Blüten erscheinen. 🏆

Heliopsis helianthoides ssp. *scabra* 'Light of Loddon'
RAUHES SONNENAUGE
☼ ◐ ❄❄❄ ↕1,1 m ↔90 cm

Im Sommer und Herbst tragen die starken, aufrechten, beblätterten Stiele gefüllte, sattgelbe Blüten mit gewölbter Mitte.

WEITERE HALBHOHE BIS HOHE STAUDEN FÜR LEHMBÖDEN

Campanula lactiflora 'Loddon Anna', s. S. 28
Helianthus atrorubens 'Monarch'
Helianthus salicifolius
Inula helenium
Ligularia 'Gregynog Gold'
Ligularia 'The Rocket', s. S. 103
Macleaya × kewensis 'Flamingo'
Rheum palmatum
Sanguisorba canadensis

Rodgersia aesculifolia
SCHAUBLATT
☼ ◐ ❄❄❄ ↕1,7 m ↔90 cm

Über den fingerförmigen, gezähnten, roßkastanienähnlichen Blättern entwickeln sich im Sommer hohe Blütenstände aus cremeweißen Blüten. 🏆

Silphium perfoliatum
BECHERPFLANZE
☼ ◐ ❄❄❄ ↕2,5 m ↔1 m

An verzweigten Stengeln erscheinen im Sommer und Herbst gelbe Korbblüten. Die Stiele der grobgezähnten oberen Blätter vereinen sich becherförmig.

Niedrige bis halbhohe Stauden für sandige, durchlässige Böden

EINE GANZE ANZAHL von Stauden unter 1 m Wuchshöhe eignet sich für durchlässige Böden, vor allem in sonnigen Lagen. Sie lassen sich vielfältig einsetzen, beispielsweise im Vordergrund von Rabatten oder Beeten.

Diascia 'Joyce's Choice'
DIASCIE
↕ 25 cm ↔ 50 cm

Die matten- oder teppichbildende, kleinblättrige Staude ist den ganzen Sommer und Herbst hindurch mit einem losen Flor apricotfarbener Blüten bedeckt.

Acanthus hirsutus
AKANTHUS
↕↔ 30 cm

Die niedrige, horstbildende Staude besitzt tiefeingeschnittene, leicht stachelige Blätter. Im Sommer erscheinen aufrechte, grünlich-weiße Blütenähren.

Artemisia 'Powis Castle'
BEIFUSS
↕ 60 cm ↔ 90 cm

Das filigrane, silbriggraue Laub hat einen hohen Zierwert. Die Staude bildet einen niedrigen Tuff und sollte ersetzt werden, sobald die Verholzung beginnt.

Eriophyllum lanatum
WÜSTENGOLDASTER
↕↔ 50 cm

Kissenbildende, kräftige Staude mit wolligen, silbriggrauen Blättern und leuchtendgelben Korbblüten von Spätfrühling bis Sommer. Trockenheitsresistent.

Agapanthus 'Midnight Blue'
SCHMUCKLILIE
↕ 45 cm ↔ 30 cm

Im Sommer erscheinen an fleischigen Stengeln über riemenförmigen, dunkelgrünen Blättern lichte Dolden aus dunkelblauen, röhrenförmigen Blüten.

Borago pygmaea
BORETSCH
↕↔ 60 cm

Die lose verzweigten Stengel der kurzlebigen Staude erheben sich über Blattrosetten. Von Frühsommer bis Herbst erscheinen blaßblaue, glockenförmige Blüten.

Eryngium bourgatii
EDELDISTEL
↕ 45 cm ↔ 30 cm

Die kleinen, blauen, von spitzen Hüllblättern umgebenen Blüten erscheinen im Sommer an verzweigten Stengeln. Tiefgeteiltes, stacheliges, silbriges Laub.

Gypsophila 'Rosenschleier'
SCHLEIERKRAUT
☼ ❄❄❄ ↕40 cm ↔1 m

Über dem hübschen Teppich aus blaugrünen Blättern erscheinen im Sommer unzählige gefüllte, kleine Blüten, die sich später rosa verfärben. 🏆

Limonium latifolium 'Violetta'
MEERLAVENDEL
☼ ❄❄❄ ↕60 cm ↔45 cm

Dichte Rosette aus großen, dunkelgrünen Blättern, darüber im Spätsommer an verzweigten Stengeln bläulich-violette Blüten; zum Trocknen geeignet.

Linum narbonense
LEIN, FLACHS
☼ ❄❄❄ ↕50 cm ↔45 cm

Horstbildende Staude, an deren schlanken, drahtigen Stielen lanzettliche, blaugrüne Blätter stehen. Im Sommer eine Fülle kurzlebiger, blaßblauer Blüten.

Oenothera speciosa 'Rosea'
NACHTKERZE
☼ ❄❄ ↕↔30 cm

Von Frühsommer bis Herbst erscheinen tellerförmige, blaßrosa Blüten mit gelbweißer Mitte über schmalen Blättern. Langanhaltende Blüte.

WEITERE NIEDRIGE BIS HALBHOHE STAUDEN FÜR DURCHLÄSSIGE BÖDEN

Acanthus dioscoridis, s. S. 26
Agastache 'Firebird'
Allium christophii, s. S. 26
Anagallis monelli
Ballota 'All Hallows Green'
Centranthus ruber, s. S. 86
Delphinium tatsienense, s. S. 26
Dianthus deltoides, s. S. 100
Dictamnus albus, s. S. 108
Euphorbia nicaeensis, s. S. 76
Euphorbia rigida
Geranium 'Brookside', s. S. 27
Geranium malviflorum
Hordeum jubatum
Iris innominata
Lychnis coronaria
Origanum laevigatum
Pulsatilla vulgaris f. *alba*, s. S. 27

Origanum laevigatum 'Herrenhausen'
GLATTER DOST
☼ ❄❄ ↕50 cm ↔45 cm

Die steifen, aufrechten Stengel tragen aromatische Blätter und im Sommer und Herbst dichte Dolden aus dunkelrosa Blüten. Gute Bienenweide. 🏆

Halbhohe bis hohe Stauden für sandige, durchlässige Böden

WER SCHON EINMAL das stattliche Riesenschleierkraut in voller Blüte gesehen oder die lavendelblauen Ähren der Perovskie bewundert hat, zweifelt nicht daran, daß sich diese und die folgenden 1 bis 2 m hohen Stauden auf durchlässigen Böden, die meisten der Pflanzen besonders in sonnigen Lagen, ausgesprochen wohl fühlen.

HALBHOHE BIS HOHE IMMERGRÜNE FÜR SANDIGE BÖDEN

- *Acanthus mollis*, Latifolius-Gruppe
- *Cortaderia selloana* 'Sunningdale Silver', s. S. 139
- *Dierama pulcherrimum* 'Blackbird'
- *Eryngium yuccifolium*
- *Euphorbia characias* ssp. *wulfenii*
- *Lavatera* 'Barnsley', s. S. 28
- *Phormium tenax*, s. S. 117
- *Salvia interrupta*
- *Yucca whipplei*

Asphodeline lutea
JUNKERLILIE
☼ ❄❄ ↕ 1,5 m ↔ 30 cm

Horstbildende Staude mit grasähnlichem, blaugrauem Laub, über dem von Spätfrühling bis Sommer schlanke Ähren mit sternförmigen, gelben Blüten erscheinen.

Crambe cordifolia
RIESENSCHLEIERKRAUT
☼ ◐ ❄❄❄ ↕ 2,5 m ↔ 1,5 m

Im Frühsommer erscheinen an verzweigten Stengeln wahre Blütenwolken aus winzigen, reinweißen Blüten. Große, gelappte, dunkelgrüne Blätter.

Echinops bannaticus 'Taplow Blue'
KUGELDISTEL
☼ ◐ ❄❄❄ ↕ 1,2 m ↔ 60 cm

Die stacheligen, leuchtendblauen Blüten erscheinen im Spätsommer und machen diese Staude bei Kindern und Schmetterlingen so beliebt. Attraktives Laub.

Cortaderia selloana 'Rendatleri'
PAMPASGRAS
☼ ❄❄ ↕ 2,5m ↔ 2m

Eine beliebte Sorte mit schmalen, scharfkantigen, immergrünen Blättern. Auf schlanken Stengeln stehen im Spätsommer federartige, rosa-violette Blütenrispen.

Dierama pulcherrimum
TRICHTERSCHWERTEL
☼ ❄ ↕ 1,5m ↔ 1,2m

Die anmutig geneigten, drahtigen Stengel tragen im Sommer tiefrosa, glockenförmige Blüten. Auch die Samenstände sind sehr dekorativ.

Eryngium eburneum
EDELDISTEL
☼ ❄❄ ↕ 4 m ↔ 2 m

Diese statuenhafte Staude trägt im Sommer an langen, verzweigten Stengeln grünlichweiße Blüten über grasähnlichen, immergrünen Laubhorsten.

Kniphofia 'Prince Igor'
FACKELLILIE
☼ ☼ ❄❄❄ ↕1,8 m ↔90 cm

Diese außergewöhnliche Sorte besitzt schmale, lanzettförmige, tiefgrüne Blätter und im Herbst zahlreiche kräftige Kolben, die orangerote Blüten tragen.

Lavatera 'Kew Rose'
BUSCHMALVE
☼ ❄❄ ↕↔2 m

Die dankbare, verholzende Staude bringt halbimmergrüne Blätter und im Sommer eine Fülle von rosa Blüten hervor. Die Pflanze liebt geschützte Standorte.

Linaria dalmatica
DALMATINISCHES LEINKRAUT
☼ ❄❄❄ ↕↔90 cm

Die buschige, kriechende Staude besitzt aufrechte Stengel mit flaumigen, blaugrünen Blättern. Im Sommer lange Ähren mit gelben, löwenmaulartigen Blüten.

HALBHOHE BIS HOHE KRAUTIGE STAUDEN FÜR SANDIGE BÖDEN

Echinops ritro 'Veitch's Blue', s. S. 73
Echinops sphaerocephalus
Eremurus robustus, s. S. 28
Eremurus stenophyllus, s. S. 33
Lilium chalcedonicum
Lilium regale, s. S. 110
Malva alcea var. *fastigiata*, s. S. 93
Salvia involucrata 'Bethellii'
Verbascum chaixii 'Album', s. S. 103

Perovskia 'Blue Spire'
PEROVSKIE
☼ ❄❄❄ ↕1,2 m ↔90 cm

Diese aromatische, verholzende Staude hat aufrechte, flaumige Stengel, die im Sommer und Herbst verzweigte Blüten tragen. In kalten Wintern belaubt.

Romneya coulteri
KALIFORNISCHER BAUMMOHN
☼ ❄❄ ↕↔2m

Die an der Basis verholzende Staude breitet sich mit ihren meergrünen, flaumigen, belaubten Stengeln stark aus; im Sommer große, weiße Blüten mit gelber Mitte.

Salvia cacaliifolia
SALBEI
☼ ❄❄❄ ↕1,2 m ↔90 cm

Eine robuste, sich verzweigende, behaarte Staude mit dreieckigen Blättern und schlanken Trauben aus tiefblauen Blüten von Sommer bis Herbst. Warme, sonnige Lagen.

Verbascum 'Gainsborough'
KÖNIGSKERZE
☼ ❄❄❄ ↕1,2 m ↔30 cm

Kurzlebige Staude mit einer den Winter überdauernden Rosette aus flaumigen, gekräuselten Blättern. Verzweigte Rispe mit blaßgelben Blüten im Sommer.

Niedrige Stauden für kalkfreie Böden

ZWAR SIND ES NUR WENIGE STAUDEN, die zum optimalen Gedeihen kalkfreie Böden verlangen, doch finden sich in dieser Gruppe einige der schönsten wieder. Die im folgenden vorgestellten Pflanzen werden nicht höher als 30 cm und sind besonders für Steingärten, kleine Gärten und schmale Rabatten geeignet.

WEITERE NIEDRIGE STAUDEN FÜR KALKFREIE BÖDEN

Cautleya spicata 'Robusta'
Dodecatheon hendersonii
Gentiana x *macaulayi* 'Edinburgh'
Gentiana sinoornata, s. S.55
Iris, Kalifornien-Hybriden
Iris innominata
Lithodora diffusa 'Heavenly Blue'
Phlox x *procumbens* 'Millstream'
Shortia galacifolia
Viola pedata

Celmisia walkeri

☼ ☀ ❄❄ ↕↔ 30 cm

Mattenbildende, immergrüne Staude oder Halbstrauch mit ledrigen, gräulichgrünen Blattrosetten und weißen Korbblüten mit gelber Mitte im Frühsommer.

Gentiana 'Kingfisher'
ENZIAN

☼ ☀ ❄❄❄ ↕ 5 cm ↔ 30 cm

Im Herbst erscheinen trichterförmige, intensivblaue Blüten mit weißen und dunkelblauen Streifen an der Außenseite über halbimmergrünen, schmalen Blättern.

Dodecatheon meadia f. *album*
GÖTTERBLUME

☼ ☀ ❄❄❄ ↕ 40 cm ↔ 25 cm

Im Frühling erscheinen lockere Büschel aus nickenden, reinweißen Blüten mit gelber Mitte an schlanken Stengeln über einer grundständigen Blattrosette. 🏆

Iris 'Arnold Sunrise'
SCHWERTLILIE

☼ ☀ ❄❄❄ ↕ 25 cm ↔ 30 cm

Horstbildende Staude mit langen, schmalen, immergrünen Blättern. Im Frühsommer an aufrechten Stengeln weiße Blüten mit gelber Zeichnung. Trockenheitsresistent. 🏆

Lithodora diffusa 'Grace Ward'
STEINSAME

☼ ❄❄ ↕ 15 cm ↔ 90 cm

Die sich ausbreitenden, beblätterten Stengel der teppichbildenden, immergrünen Staude tragen im späten Frühling und Sommer azurblaue Blüten. Ideal für Steingärten. 🏆

Halbhohe bis hohe Stauden für kalkfreie Böden

Die im Folgenden vorgestellten Stauden gedeihen am besten auf kalkfreien, sauren Böden. Ihr natürlicher Lebensraum sind Wälder und Bergregionen. Die Pflanzen müssen vor allem im Frühling und Sommer gut gegossen (aber nicht überwässert) werden. Sie erreichen eine Höhe von etwa 1 m und eignen sich für Gärten mit humusreichem Boden.

Blechnum tabulare
Tafelberg-Rippenfarn
☼ ☀ ❄❄ ↕ 1 m ↔ 1,2 m

Dieser große, immergrüne Farn bildet ein dichtes Büschel stark gefiederter, breiter, steriler Wedel. In der Mitte erscheinen fruchtbare, braune Wedel.

Iris ensata 'Variegata'
Schwertlilie
☼ ❄❄❄ ↕ 90 cm ↔ 45 cm

Im Sommer treibt diese horstbildende Staude an aufrechten Stengeln über schwertförmigen Blättern dunkelviolette Blüten aus. Gedeiht auch auf anderen Böden.

Lilium auratum
Goldbandlilie
☼ ☀ ❄❄ ↕ 1,5 m ↔ 30 cm

An hohen Stielen erscheinen lanzettförmige Blätter und von Spätsommer bis Frühherbst pro Stengel bis zu 12 weiße Blüten mit roten Tupfen und goldgelben Streifen.

Meconopsis chelidoniifolia
Scheinmohn
☀ ❄❄❄ ↕ 1 m ↔ 60 cm

Elegante Staude, die Horste aus beblätterten, schlanken, verzweigten Stengeln hervorbringt. Im Sommer nickende, tellerförmige, blaßgelbe Blüten.

Thalictrum rochebruneanum
Wiesenraute
☀ ❄❄❄ ↕ 90 cm ↔ 30 cm

Ausdauernde, aufrechte Staude mit großen, vielfach geteilten, farnartigen Blättern und hohen Stengeln. Im Sommer fedrige, weiße oder lavendelrosa Blütenrispen.

Weitere halbhohe bis hohe Stauden für kalkfreie Böden

Iris ensata
Iris ensata 'Rose Queen'
Meconopsis betonicifolia
Meconopsis grandis
Meconopsis × sheldonii 'Slieve Donard'
Megacarpaea polyandra
Nomocharis pardanthina
Osmunda regalis, s. S. 61
Thalictrum chelidonii
Thalictrum diffusiflorum

Niedrige bis halbhohe Stauden für kalkhaltige Böden

IM GEGENSATZ zu der weitverbreiteten Annahme, die schönsten Gartenpflanzen verlangten kalkfreie Böden, gedeiht der überwiegende Teil der Stauden ausgezeichnet in kalkhaltiger, also alkalischer Erde. Die folgenden Pflanzen werden nicht höher als 1 m und eignen sich für die vorderen Bereiche von Rabatten, für Hochbeete und Steingärten.

Acanthus dioscoridis
AKANTHUS
↕40 cm ↔60 cm

Der hübsche Verwandte von *A. mollis* bildet Horste aus lanzettförmigen, behaarten Blättern und im Frühling und Sommer dichte Ähren mit purpurnen Blüten.

WEITERE NIEDRIGE BIS HALBHOHE STAUDEN FÜR KALKHALTIGE BÖDEN

Anthericum liliago, s. S. 30
Campanula glomerata 'Superba'
Centranthus ruber, s. S. 86
Erodium manescaui
Euphorbia rigida
Geranium sanguineum 'Max Frei', s. S. 76
Platycodon grandiflorus, s. S. 77
Scabiosa caucasica 'Clive Greaves', s. S. 93

Allium christophii
ZIERLAUCH
↕60 cm ↔15 cm

Mit großen, runden Dolden aus sternförmigen, violetten Blüten im Frühsommer und dekorativen Samenständen im Herbst eine der zuverlässigsten Zierlauch-Arten.

Bergenia 'Beethoven'
BERGENIE, LÖFFELBLATT
↕45 cm ↔60 cm

Die Hybride deutscher Herkunft bildet einen niedrigen Horst aus großen, ledrigen Blättern. Im Frühjahr erscheinen weiße, rötlich gezeichnete Blüten.

Campanula punctata
PUNKTIERTE GLOCKENBLUME
↕↔40 cm

Im Frühsommer bilden sich an den aufrechten Stengeln dieser dankbaren Staude große, glockenförmige, innen stark gepunktete Blüten in Weiß bis Dunkelrosé.

Delphinium tatsienense
RITTERSPORN
↕60 cm ↔30 cm

Im Gegensatz zu den dichten Blütenständen der hohen Hybriden bildet diese Art schlanke, verzweigte Stengel mit lockeren Trauben leuchtendblauer Blüten.

Dianthus 'Mrs. Sinkins'
NELKE
☼ ❄❄❄ ↕ 40 cm ↔ 30 cm

Die intensiv duftende Bauerngartenpflanze bringt im Frühsommer gefüllte, gefranste, weiße Blüten über immergrünem, gräulich überlaufenem Laub hervor.

Francoa sonchifolia
BRAUTKRANZ
☼ ◐ ❄ ↕ 90 cm ↔ 60 cm

Über den immergrünen, gelappten, behaarten Blättern erscheinen im Sommer schlanke Ähren mit rotgezeichneten, rosa Blüten. Ausgezeichnete Schnittblume.

Geranium 'Brookside'
STORCHSCHNABEL
☼ ◐ ❄❄❄ ↕ 50 cm ↔ 75 cm

Die geteilten Blätter dieser kräftigen Staude bilden ein niedriges Büschel, über dem sich im Sommer kleine, flache, blaue Blüten mit weißer Mitte erheben.

Helleborus x *ericsmithii*
NIESWURZ
☼ ◐ ❄❄❄ ↕ 30 cm ↔ 45 cm

Diese Hybride besitzt hübsch panaschiertes, gezähntes Laub und im Winter große, schalenförmige, weiße oder rosa überhauchte Blüten mit gelben Staubgefäßen.

Lathyrus vernus
FRÜHLINGSPLATTERBSE
☼ ◐ ❄❄❄ ↕ 30 cm ↔ 45 cm

Die im Frühling erscheinenden lockeren Trauben mit blauvioletten Blüten sowie die glänzendgrünen Blätter sind sehr dekorativ. Einfach zu kultivieren.

Milium effusum 'Aureum'
WEICHES FLATTERGRAS
◐ ❄❄❄ ↕↔ 60 cm

Sehr zuverlässiges, graziles, golden überhaucht wirkendes Ziergras. Sät sich leicht selbst aus. Hübsch in Verbindung mit Vergißmeinnicht *(Myosotis)*.

Pulsatilla vulgaris f. *alba*
KÜCHENSCHELLE
☼ ❄❄❄ ↕↔ 20 cm

Weiße Form der bekannten Staude. Über gefiederten Blättern öffnen sich im Frühling weich behaarte Blüten; danach fedrige Samenstände.

Viola cornuta
Alba-Gruppe
HORNVEILCHEN
☼ ◐ ❄❄❄ ↕ 15 cm ↔ 30 cm

Über dem mattenbildenden Laub aus gesägten, immergrünen Blättern erscheinen zarte, weiße Blüten. Langandauernde Blüte von Frühling bis Sommer.

Halbhohe bis hohe Stauden für kalkhaltige Böden

NICHT ALLE der hier vorgestellten Stauden bevorzugen kalkhaltige, also alkalische Böden gegenüber kalkfreien oder neutralen, sie haben sich jedoch für diese Standortbedingungen als geeignet erwiesen. Die folgenden Pflanzen stellen eine Auswahl der beeindruckendsten Stauden für kalk- bzw. kreidehaltige Böden dar.

Artemisia lactiflora
MILCHWEISSER BEIFUSS
☼ ❄❄❄ ↕ 1,5 m ↔ 90 cm

Die starkwüchsige Staude besteht aus zahlreichen Trieben mit geteiltem, gesägtem Laub. Im Sommer und Herbst lockere Rispen mit cremefarbenen Blüten. 🏆

Cortaderia selloana 'Pumila'
PAMPASGRAS
☼ ❄❄ ↕ 1,5 m ↔ 1,2 m

Die eher niedrige Pampasgras-Sorte eignet sich gut in Verbindung mit einer Rasenfläche. Im Spätsommer erscheinen federartige, silbrige Blütenrispen. 🏆

Euphorbia sikkimensis
WOLFSMILCH
☼ ◐ ❄❄❄ ↕ 1,2 m ↔ 60 cm

Die aufrechten Stengel dieser anspruchslosen Staude tragen schmale Blätter und im Sommer gelbe Blütenbüschel. Im Frühjahr erscheinen violette Triebe.

Campanula lactiflora 'Loddon Anna'
RIESENGLOCKENBLUME
☼ ◐ ❄❄❄ ↕ 1,5 m ↔ 90 cm

Anspruchslose, zuverlässige Staude mit Rispen trichterförmiger Blüten in zartem Rosé im Sommer; das Laub ist flaumig behaart. Benötigt oft eine Stütze. 🏆

Eremurus robustus
TURKESTAN-LILIENSCHWEIF
☼ ❄❄ ↕ 3 m ↔ 1,2 m

Prächtige langstielige Trauben mit hellrosa Blüten erheben sich im Sommer über Büscheln aus lanzettförmigen, blaugrünen Blättern, die nach der Blüte einziehen.

Lavatera 'Barnsley'
BUSCHMALVE
☼ ❄❄ ↕↔ 2 m

Weiße Blüten mit roter Mitte erscheinen den ganzen Sommer über halbimmergrünem, gräulichem Laub. Eine der dankbarsten Stauden dieser Wuchshöhe. 🏆

Oenothera stricta 'Sulphurea'
NACHTKERZE
☼ ❄❄ ↕ 90 cm ↔ 15 cm

Trägt über viele Sommerwochen große, duftende, blaßgelbe Blüten, die sich gegen Abend an den aufrechten, schlanken Stengeln öffnen. Versät sich leicht.

Thalictrum flavum ssp. *glaucum*
GELBE WIESENRAUTE
◐ ❄❄❄ ↕ 1,5 m ↔ 60 cm

Das tiefeingeschnittene, blaugrüne, filzige Laub dieser Prachtstaude bildet einen guten Kontrast zu Grün und Purpur. Flaumige, gelbe Blüten im Sommer. 🏆

Veronica virginica f. *alba*
RIESENEHRENPREIS
☼ ◐ ❄❄❄ ↕ 2 m ↔ 60 cm

An aufrechten, schlanken Stengeln mit quirlständigen, schmalen, gezähnten Blättern erscheinen von Sommer bis Herbst dichte Trauben mit weißen bis rosa Blüten.

Phytolacca polyandra
KERMESBEERE
☼ ◐ ❄❄❄ ↕ 1,2 m ↔ 60 cm

Beeindruckende Pflanze, deren fleischige Stengel im Herbst blutrot werden. Gelbes Herbstlaub; dichte Trauben schwarzglänzender, giftiger Beeren.

Polygonatum verticillatum
SALOMONSSIEGEL
☼ ◐ ❄❄❄ ↕ 90 cm ↔ 30 cm

Im Frühsommer erscheinen an aufrechten, schlanken Stengeln glockenförmige, grünlich-weiße Blüten, anschließend rote Beeren. Weidenähnliche, schmale Blätter.

WEITERE HALBHOHE BIS HOHE STAUDEN FÜR KALKHALTIGE BÖDEN

Anchusa azurea 'Loddon Royalist', s. S. 106
Anemone x *hybrida* 'Königin Charlotte', s. S. 50
Campanula latifolia var. *macrantha*
Centaurea macrocephala, s. S. 18
Cephalaria gigantea, s. S. 72
Lavatera 'Rosea', s. S. 95
Phygelius x *rectus* 'African Queen', s. S. 101

Stauden für trockene, sonnige Lagen

IMMER ÖFTER kommt es auch in kühlen Klimazonen zu Wasserknappheit; deshalb werden Stauden, die trockene, sonnige Standorte bevorzugen, immer beliebter. Viele Pflanzen überdauern ohne Regen erstaunlich lange. Pfahlwurzeln sowie dicht behaarte oder wachsartige Blattoberflächen senken dabei den Feuchtigkeitsbedarf.

WEITERE KRAUTIGE STAUDEN FÜR TROCKENE, SONNIGE LAGEN

Acanthus hirsutus, s. S. 20
Baptisia australis, s. S. 92
Cynara cardunculus, s. S. 130
Echinops ritro 'Veitch's Blue', s. S. 73
Iris 'Jane Phillips'
Linaria purpurea 'Canon J. Went'
Linum narbonense, s. S. 21
Oenothera stricta 'Sulphurea', s. S. 29
Pennisetum setaceum
Sedum 'Carmen'

Anthericum liliago
ASTLOSE GRASLILIE
☼ ❄❄❄ ↕ 90 cm ↔ 60 cm

Die Bauerngartenpflanze bringt im Spätfrühling/Frühsommer elegante Trauben mit zarten, lilienartigen Blüten über einem üppigen Blattschopf hervor. 🏆

Asteriscus maritimus
☼ ❄❄ ↕ 25 cm ↔ 90 cm

Die verholzende Staude bildet einen niedrigen, dichten Teppich aus kleinen, rauh behaarten Blättern. Von Spätfrühling bis Sommer gelbe Blüten.

Artemisia alba
BEIFUSS
☼ ❄❄❄ ↕ 45 cm ↔ 30 cm

Die schlanken, aufrechtwachsenden, grauweißen Stengel dieser buschigen, verholzenden Staude tragen aromatische, filigrane, graufilzige Blätter.

Catananche caerulea 'Bicolor'
RASSELBLUME
☼ ❄❄❄ ↕ 50 cm ↔ 30 cm

Die kurzlebige Staude mit dichtem, grasähnlichem Blattwerk zeigt im Sommer an aufrechten Stengeln je eine weiße Korbblüte mit purpurner Mitte.

Crepis incana
PIPPAU
☼ ❄❄❄ ↕ ↔ 30 cm

Im Spätsommer erscheinen an schlanken, verzweigten Stengeln über dichten, gräulich behaarten Blattrosetten hübsche hellrosa Einzelblüten. 🏆

Eryngium tripartitum
EDELDISTEL
☼ ❄❄❄ ↕60 cm ↔50 cm

An drahtigen Stengeln erscheinen grobgezähnte Blätter und von Sommer bis Herbst kleine, violettblaue Blüten mit stacheligen, blaugrauen Hüllblättern. 🏆

Phlomis purpurea
BRANDKRAUT
☼ ❄❄ ↕↔60 cm

Verholzende Staude mit wolligen Trieben und weich behaarten, graugrünen Blättern. Im Sommer erscheinen viele zweilippige Blüten in Rosa bis Purpur.

Yucca gloriosa
PALMLILIE
☼ ❄ ↕2 m ↔1 m

Immergrüne Staude mit Blattschopf aus spitz zulaufenden Blättern auf gedrungenem Stamm. Im Spätsommer lange Rispe mit cremefarbenen Blüten. 🏆

Papaver orientale 'Perry's White'
TÜRKISCHER MOHN
☼ ❄❄❄ ↕↔ 90 cm

Der Pfahlwurzler mit rauh behaarten Stengeln und tiefeingeschnittenen, rauh behaarten Blättern trägt im Sommer große, weiße Blüten mit braunvioletter Mitte.

WEITERE IMMERGRÜNE STAUDEN FÜR TROCKENE, SONNIGE LAGEN

Achillea 'Moonshine'
Cortaderia selloana 'Pumila', s. S. 28
Euphorbia nicaeensis, s. S. 76
Iris innominata
Iris unguicularis 'Walter Butt'
Marrubium libanoticum
Phlomis russeliana
Santolina pinnata ssp. *neapolitana*
Santolina rosmarinifolia 'Primrose Gem'
Stachys byzantina 'Big Ears'

Tropaeolum polyphyllum
KAPUZINERKRESSE
☼ ❄❄ ↕10 cm ↔1 m

Gespornte, orange oder tiefgelbe Blüten überziehen im Sommer die schnellkriechende Staude. Filzig-blaugrüne, fingerförmige Blätter und fleischige Stengel.

Zauschneria californica ssp. *cana* 'Dublin'
☼ ❄❄ ↕30 cm ↔50 cm

Die horstbildende, niedrige Staude mit lanzettförmigen, graugrünen Blättern und röhrenförmigen, roten Blüten von Spätsommer bis Herbst liebt trockene Lagen. 🏆

Zwiebeln und Knollen für trockene, sonnige Lagen

Viele unserer Zwiebel- und Knollengewächse – zahlreiche Tulpen-Arten, die Steppenkerze, der Zierlauch – stammen aus dem Mittelmeerraum oder anderen ähnlich warmen und trockenen Gebieten. Diese Pflanzen lieben vollsonnige Standorte und durchlässige Böden, viele benötigen in kälteren Regionen Winterschutz.

Amaryllis bella-donna 'Hathor'
Belladonnalilie
☼ ❄ ↕ 60 cm ↔ 10 cm

An den aufrechten Stengeln dieser Zwiebelpflanze erscheinen im Herbst noch vor den schmalen Blättern Dolden trichterförmiger, reinweißer Blüten.

Anomatheca laxa
Goldblatt
☼ ❄ ↕ 20 cm ↔ 8 cm

Die selbstaussamende, hübsche Pflanze bevorzugt leichte bzw. sandige Böden, hat schmale, schwertförmige Blätter und trägt im Sommer leuchtendrote Blüten.

Arum creticum
Aronstab
☼ ❄ ↕ 50 cm ↔ 30 cm

Die prächtige Pflanze bildet dichte Horste sattgrüner, breit pfeilförmiger Blätter. Im Frühjahr blüht sie mit einem Hüllblatt, das den Kolben umgibt.

Anemone x *fulgens*
Anemone
☼ ❄❄❄ ↕ 25 cm ↔ 15 cm

Wertvolle Knollenpflanze, besonders schön in Gruppen. Im Frühling trägt sie leuchtendrote Blüten mit dunkler Mitte. Winterschutz kann erforderlich sein.

Weitere Zwiebeln und Knollen für trockene, sonnige Lagen

Allium christophii, s. S. 26
Allium schubertii
Amaryllis belladonna
Anemone blanda
Anemone pavonina, s. S. 52
Anomatheca laxa var. *alba*
Ixiolirion tataricum
Lilium candidum
Lilium regale, s. S. 110
Lilium x *testaceum*
Muscari macrocarpum
Nerine bowdenii 'Mark Fenwick', s. S. 96
Ornithogalum arabicum
Oxalis adenophylla, s. S. 55
Pancratium illyricum, s. S. 41
Ranunculus asiaticus
Triteleia laxa

Dracunculus vulgaris
Drachenwurz
☼ ❄❄ ↕ 90 cm ↔ 60 cm

Die ungewöhnliche Pflanze trägt an dunkel gesprenkelten Stengeln über tiefgeteilten, langstieligen Blättern im Sommer große, samtige, rotbraune Blüten.

Eremurus stenophyllus
STEPPENKERZE
☼ ❄❄ ↕1 m ↔60 cm

Die horstbildende Staude mit fleischigen Wurzeln, strenggenommen keine Knollenpflanze, trägt im Sommer hohe Trauben mit sternförmigen, gelben Blüten.

Gladiolus communis ssp. *byzantinus*
GLADIOLE
☼ ❄❄❄ ↕1 m ↔25 cm

Die zuverlässige, robuste Pflanze bildet rasch einen Horst beblätterter Stengel, denen im Sommer dichte Ähren mit leuchtendroten Blüten entspringen. 🏆

Hermodactylus tuberosus
WOLFSSCHWERTEL, WITWENIRIS
☼ ❄❄ ↕30 cm ↔10 cm

Diese Verwandte der Schwertlilie hat schmale Blätter und trägt im Frühling gelbgrüne Blüten, deren äußere Petalen schwarz enden. Nötigenfalls Winterschutz.

Scilla peruviana
PERUANISCHER BLAUSTERN
☼ ❄❄ ↕30 cm ↔15 cm

Grundrosette breiter, lanzettförmiger Blätter, über denen im Spätfrühjahr dichte Trauben mit kleinen, sternförmigen, blauen Blüten erscheinen.

Triteleia hyacinthina
FRÜHLINGSSTERN
☼ ❄❄ ↕70 cm ↔5 cm

Diese dem Zierlauch ähnelnde, aber nicht duftende Pflanze trägt im Frühsommer auf schlanken Stengeln Dolden aus weißen, sternförmigen Blüten.

Tulipa clusiana
TULPE
☼ ❄❄❄ ↕30 cm ↔10 cm

Über dem graugrünen, schmalblättrigen Laub dieser eleganten Pflanze erscheinen im Frühling weiße Blüten mit tiefroter Mitte; äußere Petalen rosarot.

Tulipa tarda
TULPE
☼ ❄❄❄ ↕15 cm ↔10 cm

Robuste und attraktive Art, die eine Rosette glänzender, schmaler Blätter besitzt und im Frühling sternförmige, gelbe Blüten mit weißen Spitzen trägt. 🏆

Stauden für trockene, schattige Lagen

TROCKENE, SCHATTIGE Lagen finden sich oft unter Gehölzen und zählen mit zu den größten gärtnerischen Herausforderungen. Ideal ist daher eine Bepflanzung mit Stauden, die diese Bedingungen tolerieren. Liegt starke Bodendurchwurzelung vor, bringt man ein spezielles Gewebe aus und gibt frische Erde darauf.

WEITERE IMMERGRÜNE STAUDEN FÜR TROCKENE, SCHATTIGE LAGEN

Acanthus mollis, Latifolius-Gruppe
Euphorbia amygdaloides 'Purpurea'
Helleborus foetidus
Lamiastrum galeobdolon 'Florentinum', s. S. 47
Ophiopogon japonicus
Pachyphragma macrophyllum
Reineckia carnea
Vinca major ssp. *hirsuta*, s. S. 51
Waldsteinia ternata

Buglossoides purpurocaerulea
STEINSAME
☼ ◐ ❄❄❄ ↕ 60 cm ↔ 90 cm

Diese niedrige bzw. kriechende Staude hat aufrechte Stengel, an denen von Spätfrühling bis Sommer violette, sich tiefblau verfärbende Blüten erscheinen.

Epimedium perralderianum
ELFENBLUME, SOCKENBLUME
◐ ● ❄❄❄ ↕ 30 cm ↔ 60 cm

Im Frühjahr erscheinen leuchtendgelbe, gespornte Blüten über den Horsten aus immergrünen, dunkelgrün glänzenden, in jungem Alter bronzenen Blättern.

Claytonia sibirica

◐ ● ❄❄❄ ↕ 20 cm ↔ 15 cm

Kurzlebige, frei aussamende Pflanze, die Tuffs fleischiger Blätter austreibt und im Spätfrühjahr/Sommer lockere Büschel kleiner, rosa oder weißer Blüten trägt.

Euphorbia amygdaloides var. *robbiae*
BALKAN-WOLFSMILCH
◐ ● ❄❄❄ ↕ 75 cm ↔ 60 cm

Kriechende immergrüne Staude mit aufrechten Stengeln, ledrigen, dunkelgrünen Blättern und Trauben grünlichgelber Blüten von Frühjahr bis Frühsommer. 🏆

WEITERE KRAUTIGE STAUDEN FÜR TROCKENE, SCHATTIGE LAGEN

Cyclamen hederifolium, s. S. 96
Dicentra eximia
Dicentra formosa
Geranium x *monacense* 'Muldoon'
Geranium nodosum
Geranium x *oxonianum* 'Claridge Druce'
Geranium phaeum 'Joan Baker'
Lunaria rediviva
Symphytum ibericum
Symphytum orientale, s. S. 51

Geranium phaeum 'Album'
STORCHSCHNABEL
☼ ◐ ❄❄❄ ↕80 cm ↔45 cm

Hübsche Pflanze, die von Sommer bis Herbst einen Flor aus weißen, hängenden Blüten mit leuchtendgelben Staubbeuteln trägt. Gelappte, zartgrüne Blätter.

Iris foetidissima var. *citrina*
SCHWERTLILIE
◐ ● ❄❄❄ ↕75 cm ↔60 cm

Robuste immergrüne Staude mit Horsten aus lanzettförmigen, stark riechenden Blättern. Im Sommer gelbe Blüten, im Winter orangefarbene Samenkapseln.

Lamiastrum galeobdolon 'Hermann's Pride' **GOLDNESSEL**
◐ ● ❄❄❄ ↕60 cm ↔1,2 m

Im Sommer erscheinen an aufrechten Stengeln in den Blattachseln gesägter, silbrig panaschierter, immergrüner Blätter Dolden zweilippiger, gelber Blüten.

Saxifraga stolonifera
STEINBRECH
◐ ● ❄❄ ↕30 cm ↔20 cm

Den Rosetten hell geäderter Blätter entspringen rote Ausläufer, an deren Enden neue Pflanzen entstehen. Im Sommer erscheinen kleine, weiße Blüten.

Symphytum 'Hidcote Pink'
BEINWELL
☼ ◐ ❄❄❄ ↕↔45 cm

Kriechende Staude mit beblätterten Stengeln; guter Bodendecker. Hängende Büschel trichterförmiger, rosa und weißer Blüten erscheinen im Frühjahr.

Tolmiea menziesii
HENNE UND KÜKEN
◐ ● ❄❄ ↕↔60 cm

Kriechende Staude mit lockeren Horsten feiner Blätter, an deren Blattgrund neue Pflanzen entstehen. Im Frühjahr/Sommer Trauben, bräunlichgrüner Blüten. 🏆

Trachystemon orientalis
☼ ◐ ❄❄❄ ↕30 cm ↔unbestimmt

Große, dichte Matten bildende, kriechende Staude mit langstieligen, rauh behaarten Blättern. Im Frühling blaue Blüten mit dekorativen Staubblättern.

Stauden für feuchte, schattige Lagen

EINIGE DER WERTVOLLSTEN und schönsten Stauden kommen in der freien Natur in Laubwäldern vor, wo im Sommer das grelle Sonnenlicht durch Zweige und Laubwerk gedämpft wird. Diese Waldstauden eignen sich in Gartenkultur für schattige Randbereiche und kühle Standorte, wo sie während der Vegetationsphase viel Feuchtigkeit bekommen.

WEITERE STAUDEN FÜR FEUCHTE, SCHATTIGE LAGEN

Anemonella thalictroides
Cardamine enneaphyllos
Cardamine pentaphyllos
Deinanthe bifida
Hepatica x *media* 'Ballardii'
Jeffersonia diphylla
Jeffersonia dubia
Mukdenia rossii
Trillium grandiflorum
Trillium grandiflorum 'Flore Pleno'

Actaea rubra
CHRISTOPHSKRAUT
↕ 45 cm ↔ 30 cm

Die Pflanze besticht durch üppige, tiefgeteilte Blätter sowie im Spätsommer und Herbst durch dichte, endständige Büschel scharlachroter, giftiger Beeren.

Convallaria majalis var. *rosea*
MAIGLÖCKCHEN
↕ 20 cm ↔ 30 cm

Hübsche Varietät einer beliebten Staude, die einen Teppich aus Blattpaaren bildet. Im Frühling erscheinen lockere Trauben nickender, zartrosa Blüten.

Dactylorhiza foliosa
KNABENKRAUT
↕ 60 cm ↔ 15 cm

Dieses Orchideengewächs treibt im zeitigen Frühjahr kräftiges, frisches Laub und im Frühsommer dichte Ähren mit leuchtendvioletten Blüten aus.

Anemonopsis macrophylla
SCHEINANEMONE
PH ↕ 75 cm ↔ 45 cm

Die elegante Waldstaude besitzt einen Horst farnähnlicher Blätter und trägt im Spätsommer feine, glockenförmige, nickende Blüten in Zartviolett.

Corydalis flexuosa
LERCHENSPORN
↕↔ 30 cm

Im Frühling besticht diese Staude durch einen dichten Flor blauer Blüten über farnartigem, blaugrünem Laub, das von Herbst bis Sommer erscheint.

Deinanthe caerulea
↕↔ 30 cm

Die ovalen Blätter mit welligem Rand dieser kriechenden Art bilden einen Horst. Im Sommer öffnen sich oberhalb des Laubs in lockeren Büscheln nickende Blüten.

Trillium cernuum
DREIBLATT, WALDLILIE
↕ 50 cm ↔ 30 cm

Am schönsten in Gruppen, bildet diese Staude Horste aus kurzgestielten Blättern mit welligen Rändern. Im Frühjahr kleine, weiße bis rosa oder rote Blüten.

Glaucidium palmatum
GLAUCIDIUM
↕↔ 45 cm

Die hübsche Waldpflanze bildet einen Horst aus großen, unregelmäßig geteilten und gesägten Blättern. Im späten Frühjahr schalenförmige, zartviolette Blüten.

Trillium sessile
DREIBLATT, WALDLILIE
↕↔ 30 cm

Im Gegensatz zu *T. cernuum* besitzt diese Art oft hübsch panaschierte, zu dreien stehende Blätter und im Frühjahr rotbraune, stiellose Blüten.

Hacquetia epipactis
SCHAFTDOLDE
↕ 15 cm ↔ 30 cm

Eine der zeitigsten Waldstauden, deren im Spätwinter erscheinenden, gelbgrünen Blüten von rundlichen, apfelgrünen Hochblättern umgeben sind.

Sanguinaria canadensis 'Plena'
BLUTWURZ
↕ 15 cm ↔ 30 cm

Mit dem Blattaustrieb öffnen sich im Frühjahr attraktive, gefüllte, weiße Blüten. Das herzförmige, gebuchtete, graugrüne Laub entfaltet sich nach und nach.

Uvularia grandiflora
HÄNGEGOLDGLOCKE
↕ 75 cm ↔ 30 cm

Diese wertvolle Waldpflanze bildet einen Horst aus aufrechten, schlanken Trieben mit herabhängenden Spitzen und zeigt im Frühjahr glockenförmige, gelbe Blüten.

Zwiebeln und Knollen für feuchte, schattige Lagen

VIELE DER SCHÖNSTEN und beliebtesten Zwiebel- und Knollenpflanzen wachsen auf kühlen, feuchten Böden im Halbschatten der Laubwälder; zu ihnen gehören zahlreiche Arten von Schneeglöckchen, Blaustern und Hundszahn, die bei guten Standortbedingungen große Gruppen bilden. Die meisten der Pflanzen gedeihen problemlos.

Allium moly
GOLDLAUCH
☼ ◑ ❄❄❄ ↕ 25 cm ↔ 10 cm

Die Zwiebelpflanze bildet dichte Büschel aus schmal riemenförmigen Blättern. Im Frühsommer Trauben mit sternförmigen, leuchtendgelben Blüten. 🏆

Arisaema triphyllum
FEUERKOLBEN
☼ ◑ ❄❄ ↕ 60 cm ↔ 15 cm

Die Waldpflanze verträgt auch Sonne und bringt langstielige, dreifach geteilte Blätter hervor. Im Frühjahr zeigt sich ein grünes, oft gestreiftes Hüllblatt.

Cardiocrinum giganteum var. *yunnanense*
RIESENLILIE
◑ ❄❄❄ ↕ 2,5 m ↔ 45 cm

Sehr hohe Zwiebelpflanze, die im Sommer an dunklen, beblätterten Stengeln lange Ähren duftender, hängender, cremeweißer Blüten trägt. Stirbt nach der Blüte ab.

Arisaema sikokianum
FEUERKOLBEN
◑ ❄❄ ↕ 40 cm ↔ 15 cm

Beeindruckende Knollenpflanze mit hübsch gezeichneten, dreifach geteilten Blättern. Das Hüllblatt der Blüte erscheint in Braun-Weiß. Gute Gruppenpflanze.

Brimeura amethystina
BRIMEURA
☼ ◑ ❄❄❄ ↕ 20 cm ↔ 8 cm

Zwiebelpflanze mit Trauben aus röhrenförmigen, leuchtendblauen Blüten von Frühling bis Frühsommer an aufrechten, schlanken Stengeln.

Erythronium 'Pagoda'
HUNDSZAHN
◑ ❄❄❄ ↕ 35 cm ↔ 10 cm

Knollenpflanze, die im Frühjahr an dunklen Stengeln über kräftigen, gefleckten Blättern nickende, gelbe Blüten mit zurückgebogenen Petalen trägt. Versät sich leicht. 🏆

Erythronium revolutum
Hundszahn
☀ ❄❄❄ ↕ 30 cm ↔ 10 cm

Einfach zu kultivierende Zwiebelpflanze mit hübsch geflecktem Laub und sehr eleganten, rosa Blüten mit gelber Mitte im Frühling. Versät sich leicht. 🏆

Weitere Zwiebeln und Knollen für feuchte, schattige Lagen

Arisaema ringens
Arisarum proboscideum
Arum italicum 'Marmoratum', s. S. 135
Corydalis flexuosa 'China Blue', s. S. 65
Corydalis flexuosa 'Père David'
Cyclamen repandum
Eranthis hyemalis, s. S. 98
Erythronium hendersonii
Galanthus ikariae
Hyacinthoides italica
Hyacinthoides non-scripta
Ipheion uniflorum 'Froyle Mill'
Leucojum vernum
Ornithogalum nutans
Scilla bithynica
Scilla greilhuberi
Scilla liliohyacinthus

Leucojum aestivum 'Gravetye Giant'
Knotenblume
☼ ☀ ❄❄❄ ↕ 90 cm ↔ 10 cm

Die Zwiebelpflanze bildet rasch lange, aufrechte Blätter. An den Stengeln erscheinen im späten Frühjahr nickende, weiße Blüten mit grünen Spitzen. 🏆

Galanthus elwesii
Schneeglöckchen
☀ ❄❄❄ ↕ 22 cm ↔ 8 cm

Zuverlässige, vielgesichtige Zwiebelpflanze mit normalerweise schmalen, graugrünen Blättern und weißen Blüten mit grüner Zeichnung im Spätwinter. 🏆

Galanthus plicatus
Schneeglöckchen
☀ ❄❄❄ ↕ 20 cm ↔ 8 cm

Die blaugrünen Blätter haben zurückgebogene Ränder und die im Spätwinter erscheinenden Blüten einen grünen Fleck an der Spitze jedes inneren Blütenblattes. 🏆

Narcissus pseudonarcissus
Osterglocke, Gelbe Narzisse
☼ ☀ ❄❄❄ ↕ 35 cm ↔ 10 cm

Formenreiche, frühlingsblühende Waldpflanze, deren blaßgelbe Blüten dunkler gelbe Trompeten mit gewellten Rändern zeigen. Ideal für naturnahe Gärten.

Stauden für warme, geschützte Lagen

HAT MAN DAS GLÜCK, in einer milden Region zu wohnen, bieten sich viele wunderschöne, oftmals exotisch aussehende Stauden an, die sich mühelos kultivieren lassen. Manche von ihnen gedeihen auch in kälteren Gebieten, allerdings nur an geschützten Stellen oder in Gefäßen, die im Winter hereingeholt werden.

Begonia sutherlandii
BEGONIE
☼ ❄ ↕↔ 45 cm

Im Sommer trägt diese Staude an niedrigen, fleischigen Stengeln lanzettförmige, gesägte Blätter und hängende Rispen mit orangefarbenen Blüten. 🏆

Erythrina crista-galli
KORALLENSTRAUCH
☼ ❄❄ ↕ 2 m ↔ 1,2 m

Diese in kalten Regionen nur an der Basis verholzende Pflanze bildet in frostfreien Regionen einen Strauch bzw. niedrigen Baum. Rote Blüten im Spätsommer. 🏆

Bletilla striata 'Albostriata'
JAPANORCHIDEE
☼ ☀ ❄ ↕↔ 60 cm

Die hübsche Erdorchidee bildet Gruppen aus deutlich geäderten, weißrandigen, bambusähnlichen Blättern. Im Frühling/Frühsommer öffnen sich rosarote Blüten.

Crinum × *powellii*
HAKENLILIE
☼ ❄❄ ↕ 1,2 m ↔ 60 cm

Die kräftigen Stengel tragen im Spätsommer und Herbst über langen, geschwungenen Blättern lockere Büschel duftender, lilienähnlicher, rosa Blüten. 🏆

Eucomis comosa
SCHOPFLILIE
☼ ❄❄ ↕ 60 cm ↔ 30 cm

Im Spätsommer erscheinen über Rosetten aus riemenförmigen Blättern dichte Ähren mit grünlich-weißen Blüten, überragt von einem Büschel Brakteen.

Fascicularia pitcairniifolia

☼ ❄ ↕↔ 60 cm

Die Verwandte der Ananas besticht durch scharfgezähnte, immergrüne Blätter. Im Sommer röhrenförmige, blaßblaue Blüten, umgeben von roten Deckblättern.

WEITERE KRAUTIGE STAUDEN FÜR GESCHÜTZTE LAGEN

Begonia grandis ssp. *evansiana*
Canna iridiflora
Commelina coelestis
Eucomis bicolor, s. S. 64
Gladiolus callianthus
Gladiolus cardinalis
Impatiens tinctoria
Leonotis ocymifolia
Lobelia tupa
Musa basjoo

Hedychium gardnerianum
INGWERLILIE

☼ ❄❄ ↕ 2 m ↔ 1 m

Die aufrechte Staude bildet einen Horst aus beblätterten Stengeln, die im Spätsommer kräftige Ähren mit duftenden, blaßgelb-roten Blüten tragen.

Lobelia laxiflora var. *angustifolia*
LOBELIE

☼ ❄❄ ↕ 60 cm ↔ 1 m

Die aufrechten, an der Basis verholzenden Stengel dieser sich rasch ausbreitenden Art tragen schmale Blätter. Im Frühsommer röhrenförmige, rot-gelbe Blüten.

Melianthus major
HONIGSTRAUCH

☼ ❄ ↕ 2 m ↔ 1 m

Die attraktive Blattpflanze bildet einen Horst aus hohlen Stengeln mit großen, kräftigen, scharfgezähnten, tiefgeteilten Blättern. Rotbräunliche Blüten im Sommer.

Pancratium illyricum
PANKRAZLILIE

☼ ❄ ↕↔ 40 cm

Im Spätsommer zeigt diese Zwiebelpflanze an aufrechten Stengeln über riemenförmigem Laub Büschel duftender, sternförmiger, weißer Blüten.

Puya alpestris

☼ ❄❄ ↕ 1,5 m ↔ 1,4 m

Nach einigen Jahren erscheint im Sommer über der immergrünen Rosette aus schmalen Blättern eine dichte Rispe mit wächsernen, blaugrünen Blüten.

WEITERE IMMERGRÜNE STAUDEN FÜR GESCHÜTZTE LAGEN

Agapanthus praecox ssp. *orientalis*
Astelia chathamica
Beschorneria yuccoides
Dicksonia antarctica, s. S. 122
Eryngium proteiflorum
Fascicularia bicolor
Geranium maderense
Myosotidium hortensia
Puya chilensis, s. S. 120
Wachendorfia thyrsiflora

Senecio pulcher
KREUZKRAUT

☼ ❄❄ ↕ 60 cm ↔ 50 cm

Die halbimmergrünen, langen, ledrigen Blätter sind in jungem Alter behaart. Im Sommer erscheinen leuchtendviolettrosa Blüten mit gelber Mitte.

BESONDERE VERWENDUNG

GANZ GLEICH, ob man eine schwierige Stelle bepflanzen, Schnittblumen ernten oder Bienen und Schmetterlinge anlocken möchte – für jeden Zweck, gibt es geeignete Stauden.

Houttuynia cordata 'Chameleon' für Wassergärten

Die in diesem Kapitel vorgestellten Pflanzen wurden entsprechend ihrer Einsatzmöglichkeiten (etwa Stein- oder Wassergarten), ihrer Standorte (wie trockene, exponierte oder sumpfige Plätze) sowie spezieller gärtnerischer Probleme (zum Beispiel verschmutzte Luft oder oft auftretende Schädlinge) unterteilt. Gewöhnlich bevorzugen die jeweiligen Pflanzen auch in der freien Natur ähnliche Bedingungen. So eignen sich für Wassergärten Pflanzen, die von Haus aus feuchte Böden lieben, für Steingärten hingegen solche, die durchlässige, steinige Böden benötigen. Entsprechend erfordern Küstengärten in exponierten Lagen robuste Stauden wie etwa die Stranddistel, und auch naturnahe Pflanzungen bestückt man am besten mit widerstandsfähigen Arten, die den Wettbewerb mit anderen Pflanzen nicht scheuen.

GEEIGNETE PFLANZEN

Die Gruppe der Stauden bietet mehr als nur eine große Pflanzenauswahl für jeden Standort; sie hält auch bei speziellen gärtnerischen Problemen passende Arten bereit, etwa solche, die wenig anfällig für Fraßschäden durch Schnecken, Wild, Hasen und Kaninchen sind. Ebenso kann der Garten mit Pflanzen bestückt werden, die keine Allergien auslösen.

△ SCHMETTERLINGSWEIDE *Die Blütenstände von Stauden wie dem Alant* (Inula hookeri) *locken viele Insekten an.*

DEKORATIVE ASPEKTE

Der überragende Zierwert vieler Stauden wird oftmals nicht voll ausgeschöpft. So gibt es Stauden, die sich hervorragend für Pflanzgefäße in schattigen bzw. sonnigen Innenhöfen eignen; andere besitzen Blatt- oder Blütenschmuck, der sich zum Schnitt anbietet und so auch im Haus zur Geltung kommen kann. Und während der gärtnischen Ruhephasen lassen sich aus getrockneten Samenständen wunderschöne Arrangements herstellen.

△ NATÜRLICHE WIRKUNG *Besonders Zwiebelgewächse wie die Schachbrettblume* (Fritillaria), *gedeihen im Gras.*

◁ STEINGARTEN *Stauden, die auf steinigen Böden zu Hause sind, gedeihen in Steingärten und an Trockenmauern.*

▷ AM WASSER *Ein attraktiv bepflanzter Teich ist im Garten ein besonderer Blickfang und bietet vielen Tieren Lebensraum.*

Bodendeckende Stauden für sonnige Lagen

BODENDECKER erfüllen im Garten eine überaus nützliche Funktion und sind außerdem oft sehr dekorativ. Normalerweise wachsen sie rasch; möchte man noch schneller Ergebnisse erzielen, pflanzt man sie in Gruppen. Die im folgenden vorgestellten Stauden bevorzugen sonnige Lagen und erfreuen durch attraktives Laub und schöne Blüten.

Helianthemum lunulatum
SONNENRÖSCHEN
☼ ❄❄ ↕ 15 cm ↔ 30 cm

Teppichbildende, verholzende Staude mit immergrünen, behaarten, gräulichgrünen Blättern und zahlreichen gold-gelben Blüten im Spätfrühling und Sommer.

WEITERE IMMERGRÜNE BODENDECKER FÜR SONNIGE LAGEN

- *Acaena* 'Blue Haze'
- *Arabis* x *arendsii* 'Rosabella'
- *Aubrieta* 'Joy'
- *Cerastium tomentosum*, s. S. 130
- *Geranium sanguineum* var. *striatum*
- *Globularia cordifolia*
- *Helianthemum* 'Rhodanthe Carneum'
- *Lamium maculatum* f. *album*
- *Polygonum affine* 'Donald Lowndes'
- *Veronica peduncularis* 'Georgia Blue'

Ceratostigma plumbaginoides
BLEIWURZ
☼ ❄❄❄ ↕ 30 cm ↔ 45 cm

Diese Kriechpflanze bildet einen dichten Teppich aus beblätterten, rötlichen Trieben; die Blätter verfärben sich im Herbst rot. Blaue Blüten im Spätsommer.

Diascia 'Salmon Supreme'
DIASCIE
☼ ❄❄ ↕ 15 cm ↔ 50 cm

Langanhaltende Blüte im Sommer und Herbst. Über halbimmergrünen Matten aus kleinen, herzförmigen Blättern erscheinen zarte, apricotfarbene Blüten.

Geranium 'Ann Folkard'
STORCHSCHNABEL
☼ ◑ ❄❄❄ ↕ 60 cm ↔ 1,5 m

Wenige Storchschnabel-Sorten sind so dankbar wie diese mit ihrem dichten Teppich aus tiefgeteiltem Laub und den magentaroten Blüten im Sommer und Herbst.

Polygonum vacciniifolium
BLAUBEERBLÄTTRIGER KNÖTERICH
☼ ◑ ❄❄ ↕ 15 cm ↔ 30 cm

Die schnellkriechende Staude bildet Teppiche aus kleinen, glänzenden Blättern, die sich im Herbst hübsch verfärben. Tiefrosa Blütenähren im Spätsommer.

WEITERE KRAUTIGE BODENDECKER FÜR SONNIGE LAGEN

Alchemilla alpina
Gunnera magellanica
Hippocrepis comosa
Hypsella reniformis
Oenothera macrocarpa, s. S. 101
Phuopsis stylosa
Potentilla aurea
Saponaria ocymoides
Scutellaria orientalis
Tropaeolum polyphyllum, s. S. 31

Phyla nodiflora

☼ ✻✻ ↕ 5 cm ↔ unbestimmt

Die teppichbildende Staude besitzt schlanke Triebe und kleine Blätter. Die langstieligen Büschel aus kleinen Blüten erscheinen im Sommer und Herbst.

Silene schafta
LEIMKRAUT

☼ ☀ ✻✻✻ ↕ 25 cm ↔ 30 cm

Halbimmergrüne, breitwüchsige Polsterstaude mit dichtem, sattgrünem Laub; als Randbepflanzung geeignet. Magentarote Einzelblüten von Frühling bis Herbst. 🏆

Rhodanthemum hosmariense

☼ ✻✻ ↕↔ 30 cm

Niedrige, kriechende Staude mit verholzender Basis und dichten, feingeteilten, silbrig behaarten Blättern. Große Einzelblüten von Frühling bis Herbst. 🏆

Sedum spurium 'Schorbuser Blut'
MAUERPFEFFER, FETTHENNE

☼ ✻✻✻ ↕ 10 cm ↔ 60 cm

Die bekannte, schnellkriechende Staude hat glänzende, immergrüne Blätter, die sich im Alter rotviolett färben. Im Spätsommer sternförmige, tiefrosa Blüten. 🏆

Stachys byzantina
WOLLZIEST, ESELSOHREN

☼ ✻✻✻ ↕ 38 cm ↔ 60 cm

Die weißwolligen Blätter und die aufrechten Triebe bilden einen immergrünen Bodendecker. Weißwollige, purpurne Blütenähren erheben sich im Sommer.

Bodendeckende Stauden für schattige Lagen

SOLANGE DER BODEN ausreichend feucht ist, gedeihen im Schatten zahlreiche Stauden. Einige der schattenliebenden Stauden sind von Haus aus Kriechpflanzen bzw. wachsen niedrig und breiten sich aus; sie eignen sich als Bodendecker unter Gehölzen. Viele sind darüber hinaus immergrün und bilden so hübsche Blickfänge.

Cyclamen repandum ssp. *peloponnesiacum* **ALPENVEILCHEN**

☼ ◑ ❄❄ ↕ 10 cm ↔ 15 cm

Knollenstaude mit gelappten, herzförmigen, silbern gesprenkelten Blättern. Im Frühjahr erscheinen duftende, blaßrosa Blüten mit dunklem Schlund. 🏆

Ajuga reptans 'Jungle Beauty'
GÜNSEL

☼ ◑ ● ❄❄❄ ↕ 15 cm ↔ 1 m

Die halbimmergrüne Staude, hier mit Pfennigkraut (*Lysimachia nummularia* 'Aurea'), breitet sich weit aus und trägt im Spätfrühling blaue Blüten.

WEITERE IMMERGRÜNE BODENDECKER FÜR SCHATTIGE LAGEN

- *Blechnum penna-marina*
- *Cardamine trifolia*
- *Euphorbia amygdaloides* var. *robbiae*, s. S. 34
- *Saxifraga rotundifolia*
- *Saxifraga spathularis*
- *Saxifraga* x *geum* 'Dentata'
- *Symphytum ibericum*
- *Tiarella wherryi*
- *Waldsteinia ternata*

Duchesnea indica
INDISCHE ERDBEERE

☼ ◑ ● ❄❄ ↕ 10 cm ↔ 1,2 m

Im Sommer erheben sich über dem dichten, immergrünen Teppich aus erdbeerblattähnlichem Laub gelbe Blüten. Die erdbeerähnlichen Früchte sind ungenießbar.

Chrysogonum virginianum
GOLDKÖRBCHEN ☼ ◑ ●

❄❄❄ ↕ 25 cm ↔ 60 cm

Die schnellkriechende Waldstaude bildet einen dichten Teppich aus kleinen, halbimmergrünen Blättern und trägt im Frühling und Sommer leuchtendgelbe Blüten.

Epimedium pinnatum ssp. *colchicum*
ELFENBLUME, SOCKENBLUME

☼ ◑ ● ❄❄❄ ↕↔ 40 cm

Eine der zuverlässigsten Arten mit immergrünen, leicht stachelig gerandeten Blättern und im Frühjahr lockeren Büscheln gelber Blüten. 🏆

Geranium macrorrhizum 'Czakor'
FELSENSTORCHSCHNABEL
↕ 30 cm ↔ 60 cm

Teppichbildende Pflanze mit tiefgeteilten, aromatischen, immergrünen Blättern, die sich im Herbst purpur verfärben. Magentarote, kleine Blüten im Frühsommer.

Gymnocarpium dryopteris
EICHENFARN
PH
↕ 20 cm ↔ 30 cm

Eleganter, jedoch robuster Farn, der einen niedrigen Teppich aus dreieckigen, hübsch geteilten Wedeln mit schlanken, drahtigen Stengeln bildet.

Lamiastrum galeobdolon 'Florentinum'
GOLDNESSEL
↕ 60 cm ↔ 2 m

Sehr dekorativer, jedoch wuchernder Bodendecker mit immergrünen, silbern gescheckten Blättern. Im Sommer erscheinen zweilippige, gelbe Blüten.

Meehania urticifolia
↕ 30 cm ↔ 2 m

Kriechpflanzee mit herzförmigen Blättern. Von Spätfrühling bis Frühsommer erscheinen aufrechte Trauben mit zweilippigen, tiefvioletten Blüten.

Tiarella cordifolia
SCHAUMBLÜTE
↕ 25 cm ↔ 30 cm

Zuverlässiger, immergrüner Bodendecker, besonders hübsch im Spätfrühling mit seinen lockeren Ähren aus vielen weißen Blüten. Im Herbst oft Laubfärbung.

WEITERE KRAUTIGE BODENDECKER FÜR SCHATTIGE LAGEN

Adiantum pedatum, s. S. 119
Aegopodium podagraria 'Variegatum'
Anemone nemorosa 'Flore Pleno'
Anemone nemorosa 'Robinsoniana'
Arisarum proboscideum
Convallaria majalis 'Fortin's Giant'
Cyclamen hederifolium, s. S. 96
Galium odoratum
Maianthemum bifolium
Trachystemon orientalis, s. S. 35

Vinca minor 'Gertrude Jekyll'
IMMERGRÜN
↕ 15 cm ↔ unbestimmt

Immergrüner Halbstrauch und exzellenter Bodendecker. Im Frühling und Sommer kontrastieren die reinweißen Blüten mit den dunkelgrünen Blättern.

Kräuter für Beete und Rabatten

STAUDEN, DIE WEGEN ihres kulinarischen Werts bzw. ihrer heilenden Kraft geschätzt werden, finden sich oft in Kräuter- und Küchengärten. Dort lassen sie sich zwar bequem ernten, doch oft kann man diese Pflanzen dekorativer und geschickter präsentieren. Am besten setzt man sie zusammen mit anderen Stauden in gemischte Pflanzungen.

Achillea ptarmica 'Boule de Neige'
BERTRAMSGARBE, SUMPFGARBE
☼ ❄❄❄ ↕60 cm ↔45 cm

Im Sommer erscheinen über den Horsten aus schmalen, gefiederten, aufrechten Blättern kleine, gefüllte, weiße Blüten. Alle Pflanzenteile haben Heilkraft.

Agastache foeniculum
☼ ❄❄❄ ↕90 cm ↔45 cm

Im Sommer an vierkantigen Stengeln Ähren aus blauen Blüten mit violetten Brakteen. Die nach Anis duftenden Blätter eignen sich als Tee und Potpourris.

Allium schoenoprasum 'Forescate'
SCHNITTLAUCH
☼ ❄❄❄ ↕60 cm ↔12,5 cm

Attraktives, wüchsiges Küchenkraut mit dichten Tuffs aus eßbaren, langen, hohlen Blättern und dichten Köpfen aus purpurvioletten Blüten.

Althaea officinalis
EIBISCH, SAMTPAPPEL
☼ ◐ ❄❄❄ ↕2 m ↔1,5 m

Lockere Tuffs aus flaumigen Stengeln, an denen dreifach gelappte, samtige, gräuliche Blätter stehen. Weiße oder blaßrosa Blüten im Spätsommer.

Aristolochia clematitis
PFEIFENBLUME
☼ ◐ ❄❄❄ ↕90 cm ↔60 cm

Ungewöhnliche, schlanke, röhrenförmige, gelbe Blüten erscheinen im Sommer an den Blattachseln des herzförmigen Laubs. Kriechender Wurzelstock.

KRÄUTER FÜR BEETE UND RABATTEN

Armoracia rusticana 'Variegata', s. S. 126
Cichorium intybus 'Roseum', s. S. 76
Foeniculum vulgare 'Purpureum', s. S. 119
Melittis melissophyllum, s. S. 73
Mentha suaveolens 'Variegata'
Meum athamanticum, s. S. 119
Monarda fistulosa
Origanum vulgare 'Gold Tip'
Polygonum bistorta
Pulmonaria officinalis
Salvia officinalis 'Icterina', s. S. 121
Saponaria officinalis 'Rosea Plena'
Scutellaria baicalensis
Symphytum peregrinum 'Rubrum'
Tanacetum balsamita ssp. *balsamitoides*
Viola odorata

Melissa officinalis 'Aurea'
ZITRONENMELISSE
☼ ❄❄❄ ↕60 cm ↔45 cm

Die behaarten, gelbgesprenkelten Blätter dieser wüchsigen, buschigen Pflanze duften nach Zitrone, wenn man sie zerreibt. Die winzigen Blüten locken Bienen an.

Rumex scutatus 'Silver Shield'
RÖMISCHER AMPFER
☼ ❄❄❄ ↕50 cm ↔30 cm

Die kleine, an der Basis verholzende Staude hat aufrechte Stengel mit breiten, pfeilförmigen Blättern mit silbriger Oberfläche. Grüne Blüten im Sommer.

Myrrhis odorata
SÜSSDOLDE, MYRRHENKERBEL
☼ ◐ ❄❄❄ ↕90 cm ↔1,5 m

Alle Teile dieser Pflanze duften nach Anis. Große Tuffs hohler Stengel und große, farnähnliche Blätter. Flache, weiße Blüten im Sommer, danach braune Früchte.

Levisticum officinale
LIEBSTÖCKEL, MAGGIKRAUT
☼ ❄❄❄ ↕2 m ↔1 m

Vielfach geteilte, dunkelgrüne Blätter umgeben die dichten Tuffs aufrechter, hohler Stengel dieser Würzpflanze. Im Sommer erscheinen grünlichgelbe Blüten.

Origanum vulgare 'Aureum'
DOST
☼ ❄❄ ↕45 cm ↔30 cm

Der dichte Tuff aus vierkantigen Stengeln ist von runden, aromatischen Blättern umgeben. Von Sommer bis Herbst erscheinen dichte Rispen mit rosa Blüten. 🏆

Salvia officinalis 'Tricolor'
GARTENSALBEI
☼ ❄❄ ↕80 cm ↔1 m

Eine an der Basis verholzende, blaublühende Immergrüne. Aromatische, wollige, graugrüne Blätter mit cremeweißer, purpurner und rosa Zeichnung.

Stauden für naturnahe Hecken- und Randbereiche

Die hübschesten Wildpflanzen findet man manchmal in ländlichen Gegenden an Straßenrändern oder unter natürlichen Hecken. Oft bieten sie dort einen farbenfrohen Anblick, und es spricht nichts dagegen, diesen Effekt im Garten mit Stauden nachzubilden, die den Wettbewerb mit anderen Pflanzen nicht scheuen.

Heliopsis helianthoides ssp. *scabra* 'Sommersonne' **Sonnenauge**

☼ ❄❄❄ ↕ 90 cm ↔ 60 cm

Die beblätterten, verzweigten Stengel tragen von Sommer bis Herbst große, gefüllte oder ungefüllte, goldgelbe Korbblüten mit bräunlichgelber Mitte.

Anemone × hybrida 'Königin Charlotte'
Anemone-Japonica-Hybride

☼ ◑ ❄❄❄ ↕ 1,5 m ↔ unbestimmt

Wüchsige Staude, die Tuffs verzweigter Stengel mit hübschen, flaumigen, graugrünen Blättern bildet. Im Spätsommer große, gefüllte Blüten in Rosa.

Carex pendula
Riesensegge

☼ ◑ ❄❄❄ ↕ 1,2 m ↔ 1,5 m

Gebogene, dreikantige Stengel und dunkelgrüne Blätter bilden üppige Horste, über denen im Frühjahr und Sommer lange, hängende, grüne Ähren erscheinen.

Lathyrus latifolius
Staudenwicke

☼ ❄❄❄ ↕↔ 2 m

Die krautige Kletterpflanze bringt von Sommer bis Herbst an geflügelten Trieben langstielige Trauben mit rosa- bis purpurfarbenen Blüten hervor. 🏆

Campanula latifolia
Waldglockenblume

☼ ◑ ❄❄❄ ↕ 1,5 m ↔ 60 cm

Im Sommer erscheinen über den üppigen Horsten aus kräftigen, aufrechten, beblätterten Stengeln große, längliche, blaß- bis dunkelviolette oder weiße Blüten.

Helianthus × multiflorus
Staudensonnenblume

☼ ❄❄❄ ↕ 2 m ↔ 90 cm

Die dunkelgrünen, rauhen Blätter umschließen verzweigte Stengel, an denen sich von Spätsommer bis Herbst gelbe Blüten mit schwarzer Mitte öffnen.

Weitere immergrüne Stauden für naturnahe Bereiche

Epimedium × perralchicum
Epimedium pinnatum ssp. *colchicum*, s. S. 46
Euphorbia amygdaloides var. *robbiae*, s. S. 34
Iris foetidissima var. *citrina*, s. S. 35
Lamiastrum galeobdolon 'Florentinum', s. S. 47
Luzula sylvatica
Polystichum setiferum, s. S. 140

Lysimachia punctata
Goldfelberich, Tüpfelstern
☼ ☀ ❄❄❄ ↕ 1 m ↔ 60 cm

Zuverlässige, robuste Staude mit beblätterten, aufrechten Stengeln. Im Sommer erscheinen in den Blattachseln viele sternförmige, gelbe Blüten. Wuchert.

Weitere krautige Stauden für naturnahe Bereiche

Campanula rapunculoides
Campanula trachelium
Cicerbita plumieri
Dryopteris filix-mas
Leucanthemum × superbum
Myrrhis odorata, s. S. 49
Pentaglottis sempervirens, s. S. 75
Polygonum amplexicaule
Salvia glutinosa
Symphytum caucasicum

Saponaria officinalis 'Rubra Plena'
Gemeines Seifenkraut
☼ ❄❄❄ ↕↔ 90 cm

Der kriechende Wurzelstock dieser zuverlässigen Staude bildet Tuffs beblätterter Stengel. Im Sommer erscheinen Büschel duftender, gefüllter, dunkelrosa Blüten.

Rumex sanguineus
Blutampfer
☼ ❄❄❄ ↕ 90 cm ↔ 30 cm

Diese Ampfer-Art wird besonders wegen ihrer Rosetten aus rot bzw. purpur geäderten Blättern geschätzt. Im Herbst winzige, grüne Blüten, dann braune Früchte.

Symphytum orientale
Beinwell
☼ ☀ ● ❄❄❄ ↕ 70 cm ↔ 45 cm

Lockere Büschel nickender, trichterförmiger, weißer Blüten öffnen sich im Spätfrühling an den aufrechten, verzweigten Stengeln dieser behaarten Pflanze. 🏆

Vinca major ssp. *hirsuta*
Immergrün
☼ ☀ ❄❄❄ ↕ 45 cm ↔ unbestimmt

Die wüchsige, verholzende, immergrüne Kriechpflanze bekommt mit den neuen Trieben von Frühling bis Sommer hübsche schmalgelappte, violette Blüten.

Zwiebeln und Knollen für naturnahe Pflanzungen

WELCHER ANBLICK ist schöner als der einer Wiese, eines blühenden Waldbodens oder einer Bergmatte? Bunte Wildblumen, soweit das Auge reicht. Insbesondere Zwiebel- und Knollenpflanzen tragen zu diesem Bild bei, und mit vielen Arten kann man es im Garten nachbilden. Setzen Sie die Pflanzen dazu in lockere Gruppen – sie breiten sich aus.

Anemone pavonina
ANEMONE
☼ ❄❄❄ ↕25 cm ↔15 cm

Die Knollenpflanze mit den gefiederten Blättern liebt Sonne und durchlässigen Boden im Gras oder auf Beeten. Scharlachrote Blüten mit dunkler Mitte im Frühjahr.

Camassia leichtlinii
PRÄRIEKERZE
☼ ☀ ❄❄ ↕1,3 m ↔10 cm

Anspruchslose Zwiebelpflanze für feuchte Wiesen oder Grasflächen. Lange Ähren sternförmiger, blauer oder weißer Blüten im Sommer. Schmale Blätter. 🏆

Crocus vernus 'Jeanne d'Arc'
FRÜHLINGSKROKUS
☼ ❄❄❄ ↕12 cm ↔5 cm

Attraktive und zuverlässige Knollenpflanze, geeignet für kurzes Gras oder Beete. Weiße Blüten mit orangefarbenen Frucht- und Staubblättern im Frühling.

WEITERE ZWIEBELN UND KNOLLEN FÜR SCHATTIGE LAGEN

- *Anemone blanda* 'Atrocaerulea'
- *Arisarum proboscideum*
- *Arum italicum* 'Marmoratum', s. S. 135
- *Colchicum speciosum*
- *Crocus kotschyanus*
- *Crocus tommasinianus*, s. S. 98
- *Cyclamen coum*
- *Cyclamen hederifolium*, s. S. 96
- *Cyclamen repandum*
- *Eranthis hyemalis*, s. S. 98
- *Erythronium oregonum*
- *Galanthus elwesii*, s. S. 39
- *Hyacinthoides non-scripta*
- *Lilium pyrenaicum*
- *Narcissus* 'Golden Harvest'
- *Narcissus* 'Mount Hood', s. S. 85
- *Ornithogalum nutans*
- *Scilla bithynica*

Erythronium dens-canis
HUNDSZAHN
☼ ☀ ❄❄❄ ↕15 cm ↔10 cm

Frühlingsblühende Zwiebelpflanze mit eleganten, rosavioletten Blüten über Rosetten aus fleischigen, hübsch gefleckten Blättern. In Gras und unter Gehölzen. 🏆

Fritillaria meleagris
SCHACHBRETTBLUME
☼ ☀ ❄❄❄ ↕30 cm ↔8 cm

Frühlingsblühende Zwiebelpflanze mit schmalen, gräulichen Blättern und nickenden, hübsch gezeichneten, glockenförmigen Blüten. In Gras und unter Gehölzen.

Galanthus nivalis
GEFÜLLTBLÜHENDES SCHNEEGLÖCKCHEN
☀ ❄❄❄ ↕↔10 cm

Im zeitigen Frühjahr bestechen große Gruppen dieser weißblühenden Zwiebelpflanze. Sie toleriert Sonne, wenn der Boden ausreichend feucht ist. 🏆

Hyacinthoides hispanica
GLOCKENHYAZINTHE
☼ ◐ ❄❄ ↕ 40 cm ↔ 10 cm

Robuste Zwiebelpflanze, die sich schnell ausbreitet. Hellgrüne Blätter und im Frühjahr nickende, blaue Blüten an kräftigen Stengeln. Wuchert stark.

Lilium martagon
TÜRKENBUNDLILIE
☼ ◐ ❄❄❄ ↕ 2 m ↔ 25 cm

Alte und zuverlässige Art für Grasflächen oder Beete. Die hohen Stengel tragen quirlständige Blätter und im Sommer nickende Blüten in zahlreichen Farben.

Narcissus bulbocodium
OSTERGLOCKE, NARZISSE
☼ ❄❄❄ ↕ 15 cm ↔ 8 cm

Die frühlingsblühende Zwiebelpflanze hat schmale Blätter und wunderschöne trichterförmige, blaßgelbe Blüten.
Im feuchten Grasland selbstaussamend.

Nectaroscordum siculum

☼ ◐ ❄❄❄ ↕ 1,2 m ↔ 10 cm

Im Sommer tragen die schlanken, hohen Stengel lockere Dolden hängender, purpur- und grüngeflammter Blüten. Auch die beigen Samenkapseln sind sehr dekorativ.

Tulipa sylvestris
TULPE
◐ ❄❄❄ ↕ 45 cm ↔ 10 cm

Die Zwiebelpflanze eignet sich für Grasflächen oder offenes Waldland, wo sie große Gruppen bildet. Im Frühjahr zeigen sich sternförmige, gelbe Blüten.

WEITERE ZWIEBELN UND KNOLLEN FÜR SONNIGE LAGEN

Allium flavum
Allium unifolium
Anemone coronaria
Camassia quamash
Chionodoxa luciliae, s. S. 90
Colchicum autumnale
Gladiolus communis ssp. *byzantinus*, s. S. 33
Gladiolus papilio
Lilium duchartrei
Lilium hansonii
Lilium pardalinum
Narcissus obvallaris
Nectaroscordum siculum ssp. *bulgaricum*
Tulipa kaufmanniana
Zantedeschia aethiopica 'Crowborough', s. S. 61

Stauden für Steingärten

Auch für Steingärten gibt es zahlreiche schöne, zuverlässige und herrliche blühende Staudenarten, die gut durchlässige, sandige oder steinige Böden in voller Sonne lieben. Viele davon bilden Matten und Teppiche und eignen sich auch hervorragend als Bodendecker. Andere wiederum formen niedrige Polster und vertragen sich gut mit niedrig wachsenden Zwiebelpflanzen wie etwa Krokussen und Blausternchen.

Dianthus 'Pike's Pink'
Nelke
☼ ❄❄❄ ↕ 15 cm ↔ 20 cm

Die polsterbildende Immergrüne hat blaugraue Blätter und zeigt im Sommer herrlich duftende, rundliche, gefüllte Blüten in Blaßrosa mit dunklerer Mitte. 🏆

Weitere Stauden für Steingärten

Anthemis marschalliana
Armeria juniperifolia
Euphorbia myrsinites
Gentiana acaulis
Geranium argenteum
Hypericum olympicum 'Sulphureum'
Iris pumila
Linaria alpina
Phlox subulata 'Amazing Grace'
Potentilla nitida

Aethionema 'Warley Rose'
Steintäschel
☼ ❄❄ ↕↔ 20 cm

Beliebte immergrüne Staude, die ein Polster aus aufrechten Stengeln mit schmalen, blaugrauen Blättern bildet. Rosa Blüten im Spätfrühling/Frühsommer. 🏆

Anthyllis montana
Bergwundklee
☼ ❄❄❄ ↕ 30 cm ↔ 60 cm

Die buschige Staude bildet große, dichte Teppiche aus feineingeschnittenem Laub. Die runden, rosa bis purpurfarbenen Blüten erscheinen im Sommer.

Anemone sylvestris
Waldanemone
☼ ☀ ❄❄❄ ↕↔ 30 cm

Die niedrige Staude bildet Tuffs aus tiefeingeschnittenen Blättern. Reinweiße Blüten mit gelben Staubblättern im Frühling/Frühsommer, danach Samenkapseln.

Campanula carpatica 'Chewton Joy'
Karpatenglockenblume
☼ ☀ ❄❄❄ ↕ 30 cm ↔ 50 cm

An niedrigen Stengeln zeigen sich gezähnte, herzförmige Blätter. Im Sommer erscheinen ausdauernde glockenförmige, lilablaue Blüten mit helleren Mitten.

Diascia 'Blackthorn Apricot'
Diascie
☼ ❄❄ ↕ 25 cm ↔ 50 cm

Ein Juwel unter den vielen neuen Arten. Im Sommer trägt die Staude schlanke Ähren mit apricotfarbenen Blüten über einem Teppich aus hängenden, grünen Stengeln.

WEITERE STAUDEN FÜR STEINGÄRTEN MIT KALKFREIEN BÖDEN

Celmisia spectabilis
Dodecatheon meadia f. *album*, s. S. 24
Houstonia michauxii
Lewisia, Cotyledon-Hybriden, s. S. 59
Lithodora diffusa 'Heavenly Blue'
Oxalis enneaphylla
Phlox adsurgens 'Wagon Wheel'
Phlox x *procumbens* 'Millstream'
Potentilla aurea
Tanakaea radicans

Gentiana sinoornata
STENGELLOSER ENZIAN
☼ ◐ ❄❄❄ PH ↓ ↕ 7 cm ↔ 30 cm

Eine der schönsten herbstblühenden Arten mit flachwachsendem, wintergrünem Laub und nach oben gerichteten, trichterförmigen, leuchtendblauen Blüten. 🏆

Gypsophila repens 'Rosa Schönheit'
TEPPICHSCHLEIERKRAUT
☼ ❄❄❄ ↕ 20 cm ↔ 50 cm

Die halbimmergrüne Staude hat schlanke Stengel und schmale, bläulichgrüne Blätter. Im Sommer über viele Wochen winzige, gefüllte, zartrosa Blüten.

Geranium cinereum 'Ballerina'
STORCHSCHNABEL
☼ ◐ ❄❄❄ ↕ 15 cm ↔ 30 cm

Flachwachsende Staude, deren kleine, graugrüne Blätter ein lockeres Büschel bilden. Den ganzen Sommer über erscheinen purpurne, dunkler geäderte Blüten. 🏆

Oxalis adenophylla
SAUERKLEE
☼ ❄❄ ↕ 10 cm ↔ 15 cm

Den Teppich aus tiefgeteilten, gräulichgrünen Blättern zieren im Frühling trichterförmige, lilarosa Blüten mit dunkelvioletten Adern und hellen Mitten. 🏆

Roscoea cautleoides 'Kew Beauty'
SCHEINORCHIDEE
☼ ◐ ❄❄ ↕ 40 cm ↔ 15 cm

Die im späten Frühjahr austreibende, hübsche Pflanze hat aufrechte, beblätterte Stengel und große, röhrenförmige, blaßgelbe Blüten, die Orchideen ähneln.

Zwiebeln und Knollen für Steingärten

STEINGÄRTEN UND HOCHBEETE sind ideal zur Kultur zahlreicher Zwergformen sowie höherer Zwiebel- und Knollenpflanzen geeignet, die gut durchlässige, mit Sand und Steinen durchsetzte Böden und vollsonnige Lagen lieben. Am schönsten wirken diese Pflanzen in Gruppen; viele gedeihen auch in Pflanzgefäßen.

Allium narcissiflorum
ZIERLAUCH
☼ ❄❄❄ ↕30 cm ↔5 cm

Diese Zierlauch-Art bildet niedrige Büschel aus grasähnlichen, graugrünen Blättern. Im Sommer erscheinen glockenförmige, rosarote oder blaßrosa Blüten.

Colchicum kesselringii
ZEITLOSE
☼ ❄❄❄ ↕↔3 cm

Ideale Pflanze für geschützte Plätze mit durchlässigem Boden. Die weißen, außen purpur gestreiften Blüten, die an Krokusse erinnern, erscheinen im Vorfrühling.

Chionodoxa forbesii
SCHNEEGLANZ
☼ ❄❄❄ ↕20 cm ↔10 cm

Die im Vorfrühling blühende Zwiebelpflanze bildet kleine Büschel aus schmalen Blättern und hübsche, sternförmige, lilablaue Blüten mit weißem Auge.

Crocus chrysanthus 'E.A. Bowles'
KROKUS
☼ ❄❄❄ ↕7 cm ↔5 cm

Die beliebte frühlingsblühende Knolle hat schlanke, grüne Blätter und zitronengelbe Blüten mit bronzegrüner Basis und purpurnen Narben an der Außenseite. 🏆

Eucomis autumnalis
SCHOPFLILIE
☼ ❄ ↕30 cm ↔20 cm

Die fleischigen Stengel dieser Knolle tragen im Spätsommer und Herbst über dem breit riemenförmigen Laub dicht mit grünlichweißen Blüten besetzte Ähren.

Fritillaria pallidiflora
SCHACHBRETTBLUME
☼ ❄❄❄ ↕40 cm ↔7,5 cm

Im Spätfrühling trägt diese robuste Zwiebelpflanze nickende, blaßgelbe, glockenförmige Blüten, die den Achseln der langen, schmalen Blätter entspringen. 🏆

WEITERE ZWIEBELN UND KNOLLEN FÜR STEINGÄRTEN

Arum creticum, s. S. 32
Eucomis bicolor, s. S. 64
Iris bucharica
Iris magnifica
Ornithogalum arabicum
Pancratium illyricum, s. S. 41
Scilla peruviana, s. S. 33
Tulipa kaufmanniana
Tulipa humilis 'Violacea'
Urginea maritima

Weitere Zwergformen für Steingärten

Allium mairei
Allium oreophilum
× *Chionoscilla allenii*
Crocus biflorus
Crocus chrysanthus 'Zwanenburg Bronze'
Iris 'Joyce'
Iris 'Katharine Hodgkin'
Muscari comosum
Narcissus triandrus

Iris danfordiae
Reticulata-Iris
☼ ❄❄❄ ↕10 cm ↔5 cm

Die Zwergform ist mit ihren gelben, grünlichgelb geschmitzten Blüten im Spätwinter und den schmalen Blättern eine der schönsten zeitigen Zwiebelpflanzen.

Scilla bifolia
Blaustern
☼ ❄❄❄ ↕15 cm ↔5 cm

Einfach zu kultivierende Knolle mit je zwei schmalen, grünen Blättern und einem lockeren Flor aus blauen bis violetten Blüten im zeitigen Frühjahr. 🏆

Narcissus minor
Osterglocke, Narzisse
☼ ❄❄❄ ↕12,5 cm ↔7,5 cm

Diese niedrige Narzisse bildet Tuffs aus schmalen, gräulichgrünen Blättern. Geneigte, kleine, gelbe Blüten mit Trompete im zeitigen Frühjahr. 🏆

Puschkinia scilloides
Puschkinie
☼ ❄❄❄ ↕15 cm ↔7,5 cm

Zuverlässige Zwergzwiebelpflanze, die rasch kleine Tuffs aus schlanken Blättern bildet. Im Frühjahr Büschel aus blaßblauen Blüten mit dunkelblauen Streifen.

Tulipa aucheriana
Tulpe
☼ ❄❄❄ ↕25 cm ↔15 cm

Die rosaroten Blüten mit gelben Mitten und Staubblättern erscheinen einzeln oder pro Stengel zu zweit oder dritt im Frühling; dekorative schmale Blätter. 🏆

Stauden zur Mauer- und Pflasterbegrünung

FELSSPALTEN sind besonders in Gebirgsregionen der natürliche Lebensraum einer Vielzahl von Stauden, die oft über kriechende, teppichbildende Triebe verfügen oder kleine Rosetten bzw. Polster bilden. Im Garten kann man diese Pflanzen in den Ritzen von Trockenmauern oder gepflasterten Flächen kultivieren, wo eine gute Drainage gewährleistet ist.

Asarina procumbens

☼ ◑ ❄❄ ↕ 5 cm ↔ 60 cm

Flachwachsende, immergrüne Staude mit behaarten Stengeln. Im Sommer erscheinen in den Achseln der herzförmigen, graugrünen Blätter blaßgelbe Rachenblüten.

Alyssum saxatile 'Dudley Nevill'
STEINKRAUT

☼ ❄❄❄ ↕ 20 cm ↔ 30 cm

Beliebte, horstbildende, verholzende Staude mit immergrünen Blättern. Im späten Frühling erscheinen dichte Büschel aus kleinen, sattgelben Blüten.

Aubrieta 'J.S. Baker'
BLAUKISSEN

☼ ❄❄❄ ↕ 5 cm ↔ 60 cm

Blaukissen gehören zu den schönsten und zuverlässigsten immergrünen Stauden zur Begrünung von Mauerwerk. Blauviolette Blüten mit weißer Mitte im Frühling.

Campanula carpatica 'Jewel'
KARPATENGLOCKENBLUME

☼ ◑ ❄❄❄ ↕ 10 cm ↔ 45 cm

Im Sommer verschwinden die kleinen, dichtstehenden, herzförmigen Blätter dieser beliebten Staude unter einem Meer aus leuchtendviolettblauen Blüten.

Convolvulus sabatius
ACKERWINDE

☼ ❄❄ ↕ 15 cm ↔ 60 cm

Die kriechenden, beblätterten Stengel dieser raschwachsenden, teppichbildenden Pflanze tragen in Sommer und Herbst blaß- bis dunkellavendelblaue Blüten. 🏆

Erigeron karvinskianus
BERUFKRAUT, FEINSTRAHL

☼ ❄❄ ↕ 30 cm ↔ 1 m

Im Sommer erscheinen über dem lockeren Horst aus schlanken, verzweigten Stengeln viele kleine, weiße Korbblüten, die sich rosa und dann purpur verfärben. 🏆

WEITERE KRAUTIGE STAUDEN ZUR MAUERBEGRÜNUNG

Anthemis marschalliana
Erinus alpinus
Erodium chrysanthum
Hypericum cerastioides
Incarvillea arguta
Origanum rotundifolium
Polygonum vacciniifolium, s. S. 44
Petrorhagia saxifraga
Phyteuma scheuchzeri
Saponaria 'Bressingham'

Gypsophila repens 'Dorothy Teacher'
TEPPICHSCHLEIERKRAUT
☼ ✻✻✻ ↕5 cm ↔40 cm

Die kriechenden Stengel bilden einen Teppich und bedecken den Boden mit kleinen, schmalen, immergrünen Blättern. Die winzigen, blaßrosa Blüten dunkeln nach. 🏆

WEITERE IMMERGRÜNE STAUDEN ZUR MAUERBEGRÜNUNG

Arabis x *arendsii* 'Rosabella'
Corydalis lutea, s. S. 82
Dianthus gratianopolitanus
Erigeron glaucus
Euphorbia myrsinites
Lithodora diffusa 'Heavenly Blue'
Onosma alboroseum
Phlox subulata
Ramonda myconi
Sempervivum 'Othello'

Haberlea rhodopensis 'Virginalis'
HABERLEE
☀ ☀ ✻✻✻ PH ↕15 cm ↔25 cm

Lockere Büschel aus trichterförmigen, weißen Blüten erscheinen im Spätfrühling/Frühsommer über den dichten Rosetten aus behaarten, gesägten Blättern.

Helianthemum 'Wisley White'
SONNENRÖSCHEN
☼ ✻✻✻ ↕25 cm ↔45 cm

Die verholzende, immergrüne, breitwüchsige Staude trägt vom späten Frühling bis in die Mitte des Sommers flachschalige, cremeweiße Blüten mit gelber Mitte.

Lewisia, Cotyledon-Hybriden
BITTERWURZ
☼ ☀ ✻✻ PH ↕25 cm ↔30 cm

Im Spätfrühling/Frühsommer erscheinen über den Rosetten aus immergrünen Blättern mit gewellten Rändern magentarote, gelbe oder orangefarbene Blüten.

Saxifraga 'Southside Seedling'
STEINBRECH
☼ ☀ ✻✻✻ ↕30 cm ↔20 cm

Im Frühjahr und Frühsommer erscheinen große, geneigte Blütenstände aus weißen Blüten mit roten Flecken über einer immergrünen Basalrosette. Schön in Trögen.

Verbascum dumulosum
KÖNIGSKERZE
☼ ✻✻ ↕25 cm ↔40 cm

Immergrüne, verholzende Staude mit flaumig behaarten, graugrünen Blättern und Stengeln. Im Frühsommer zahlreiche schalenförmige, leuchtendgelbe Blüten. 🏆

Stauden für sumpfige Böden und Wassergärten

HAT MAN DAS GLÜCK, in seinem Garten über einen Wasserbereich zu verfügen – auch wenn es nur eine sumpfige Stelle ist –, bietet sich zur Bepflanzung eine Vielzahl von Blattschmuck- und Blütenstauden an. Die hier vorgestellten Pflanzen benötigen zum guten Gedeihen einen konstant feuchten Boden.

Iris laevigata
JAPANISCHE SUMPFIRIS
☼ ◐ ❄❄❄ ↕ 80 cm ↔ 20 cm

Die herrliche Pflanze aus Japan hat aufrechte, gräulichgrüne Blätter und trägt im Sommer eine blaue, weiße oder purpurne Blüte. Gedeiht im seichten Wasser.

WEITERE BLATTSCHMUCKSTAUDEN FÜR WASSERGÄRTEN

Astilbe rivularis
Carex elata 'Aurea', s. S. 128
Gunnera manicata
Hosta 'Big Daddy', s. S. 122
Hosta 'Frances Williams'
Houttuynia cordata 'Chameleon', s. S. 62
Iris pseudacorus 'Variegata', s. S. 116
Matteuccia struthiopteris, s. S. 65
Petasites japonicus var. *giganteus*

Astilbe 'Purpurlanze'
PRACHTSPIERE
☼ ◐ ❄❄❄ ↕ 1,2 m ↔ 90 cm

Die spätblühende Staude besticht durch ihre aufrechten, straffen Rispen aus purpurrosa Blüten. Die tiefgeteilten Blätter bilden dichte Horste.

Filipendula palmata 'Rubra'
KÖNIGSSPIERE
☼ ❄❄❄ ↕ 1,2 m ↔ 60 cm

Die ausdauernde, horstbildende Pflanze bringt große, handförmig geteilte und gesägte Blätter und im Sommer fedrige Trugdolden aus winzigen, rosa Blüten hervor.

Darmera peltata
SCHILDBLATT
☼ ◐ ❄❄❄ ↕ 1,1 m ↔ 75 cm

Die hübsche Staude verfügt über kriechende Rhizome, denen großflächig langstielige Blättern entspringen, die sich im Herbst verfärben. Rosa Blüten im Frühjahr.

Hosta 'Zounds'
FUNKIE, HERZBLATTLILIE
◐ ● ❄❄❄ ↕ 55 cm ↔ 1 m

Bestechende und recht feuchtigkeitsliebende Staude. Bringt einen dichten Horst aus stark geäderten, herzförmigen Blättern hervor, die sich im Sommer gelb verfärben.

Lysichiton americanus
☼ ◐ ❄❄❄ ↕ 1 m ↔ 1,2 m

Sommergrüne Flachwasserpflanze mit auffälligen, großen, leuchtendgelben Hochblättern im Frühjahr, denen üppiges, großblättriges Laub folgt.

Oenanthe javanica 'Flamingo'
Rebendolde
☼ ☀ ❄❄ ↕ 40 cm ↔ 90 cm

Die tiefgeteilten, grünen und weißlichen Blätter dieser Kriechpflanze verfärben sich im Herbst rosa. Kleine, weiße Blüten erscheinen im Spätsommer.

Osmunda regalis
Königsfarn
☼ ☀ ❄❄❄ ↕ 1,5 m ↔ 1,2 m

Beeindruckender Farn, der einen großen Horst aus tiefgeteilten Wedeln bildet, die sich im Herbst oft schön verfärben. Rotbraune Sporenträger im Sommer.

Primula prolifera
Etagenprimel
☼ ☀ ❄❄❄ ↕ 60 cm ↔ 15 cm

Im Frühsommer erheben sich über der Basalrosette aus dunkelgrünen Blättern schlanke Stengel mit zahlreichen Quirlen aus nickenden, gelben Blüten.

Rheum palmatum 'Bowles Crimson'
Zierrhabarber
☼ ☀ ❄❄❄ ↕ 2,5 m ↔ 1,8 m

Die großen, tief spitzlappig eingeschnittenen Blätter dieser beeindruckenden Pflanze sind beim Austrieb tiefrot. Aufragende, rote Blütenrispen im Frühsommer.

Rodgersia pinnata
Schaublatt
☼ ☀ ❄❄❄ ↕ 1,2 m ↔ 75 cm

Prächtige Blattschmuck- und Blütenstaude mit tiefgeteiltem, geädertem Laub (Herbstfärbung) und verzweigten, dichten Rispen aus weißen Blüten im Sommer.

Weitere Blütenstauden für Wassergärten

Euphorbia palustris
Eupatorium purpureum 'Atropurpureum', s. S. 18
Filipendula purpurea, s. S. 122
Iris ensata
Ligularia dentata 'Othello'
Lysichiton camtschatcensis
Lythrum salicaria 'Blush'
Mimulus cardinalis
Primula pulverulenta

Zantedeschia aethiopica 'Crowborough'
Zimmerkalla
☼ ☀ ❄ ↕ 90 cm ↔ 60 cm

Die wunderschöne Staude besticht durch große, pfeilförmige Blätter und im Sommer durch herrliche, langstielige Hochblätter mit gelbem Kolben.

Wasserpflanzen

ES GIBT IN DER NATUR nur wenige schönere oder beeindruckendere Stauden als die, die an Gewässerrändern oder im Wasser vorkommen. Auch im kleinsten (Stadt-) Garten kann man mit Hilfe von geeigneten Gefäßen einen »Gartenteich« anlegen. Die im folgenden angegebenen Pflanztiefen bezeichnen die benötigte Wassertiefe; die Wuchshöhe der Pflanzen bemißt sich oberhalb der Wasseroberfläche.

Aponogeton distachyos
WASSERÄHRE
☼ ◐ ❄ ↕ 7,5 cm ↔ 1,2 m

Im Frühling und Sommer erscheinen über den schwimmenden, halbimmergrünen Blättern nach Vanille duftende, weiße Blüten. Pflanztiefe 30 bis 60 cm.

Houttuynia cordata 'Chameleon'
☼ ◐ ❄❄ ↕ 30 cm ↔ unbestimmt

Bodendeckende Wasserrandpflanze für Tiefen bis 10 cm oder sehr feuchte Erde. Die nach Orangenschale duftenden Blätter sind gelb und rot gezeichnet.

Butomus umbellatus
BLUMENBINSE
☼ ❄❄❄ ↕ 1,2 m ↔ 45 cm

Robuste Staude für Teichränder. Bildet einen Horst aus langen, dreikantigen Blättern. Im Sommer erscheinen rosa bis rosarote Blüten. Pflanztiefe 7 bis 13 cm. 🏆

Nymphaea 'Chromatella'
SEEROSE
☼ ❄❄❄ ↕ 7,5 cm ↔ 1,5 m

Schnellwachsende Wasserpflanze mit kanariengelben Blüten im Sommer und bronzefarben überlaufenen, schwimmenden Blättern. Pflanztiefe 45 bis 90 cm. 🏆

Nymphaea 'Firecrest'
SEEROSE
☼ ❄❄❄ ↕ 7,5 cm ↔ 1,2 m

Die runden Blätter sind in jungem Alter purpurfarben. Im Sommer öffnen sich duftende, rosa Blüten. Ideal für kleine Teiche. Pflanztiefe 15 bis 45 cm.

Nymphaea 'Gladstoniana'
SEEROSE
☼ ❄❄❄ ↕ 7,5 cm ↔ 2,4 m

Diese Sorte hat im Sommer sternförmige, weiße Blüten. Die runden Schwimmblätter mit welligem Rand sind in jungem Alter bronze. Pflanztiefe 45 bis 90cm. 🏆

Nymphoides peltata
HEIMISCHE SEEKANNE
☼ ❄❄❄ ↕ 7,5 cm ↔ unbestimmt

Tiefwasserpflanze, die sich für größere Gewässer eignet. Rundliche Schwimmblätter und im Sommer goldgelbe, bewimperte Blüten. Pflanztiefe 30 bis 60 cm.

Orontium aquaticum
GOLDKEULE
☼ ❄❄❄ ↕ 30 cm ↔ 60 cm

Sommergrüne Wasserpflanze mit blaugrünen Blättern und stiftähnlichen, weißgoldenen Blütenähren von Sommer bis Herbst. Pflanztiefe 30 bis 40 cm.

Pontederia cordata
HECHTKRAUT
☼ ❄ ↕ 75 cm ↔ 60 cm

Sumpf- bzw. Randpflanze, deren dichte, blaue Blütenähren sich im Spätsommer über den lanzettförmigen, glänzenden Blättern erheben. Pflanztiefe 7 bis 13 cm.

Sagittaria latifolia
PFEILKRAUT
☼ ❄❄ ↕↔ 90 cm

Sommergrüne Staude für Gewässerränder. Leicht überhängende, langstielige, pfeilförmige Blätter und im Sommer Quirle aus weißen Blüten. Pflanztiefe 7 bis 13 cm.

Stratiotes aloides
KREBSSCHERE, WASSERALOE
☼ ❄❄❄ ↕ 15 cm ↔ 20 cm

Ananasschopfartige Blattrosetten sowie weiße Blüten mit drei Petalen erheben sich im Sommer über der Wasseroberfläche. Pflanztiefe 30 bis 90 cm.

WEITERE WASSERPFLANZEN

Acorus gramineus
Alisma plantago-aquatica
Calla palustris
Cyperus eragrostis
Hottonia palustris
Hydrocharis morsus-ranae
Iris laevigata, s. S. 60
Menyanthes trifoliata
Mimulus ringens
Myriophyllum verticillatum
Nuphar lutea
Nymphaea 'Escarboucle'
Nymphaea 'Gonnère'
Nymphaea 'James Brydon'
Peltandra sagittifolia
Ranunculus aquatilis
Utricularia vulgaris
Zantedeschia aethiopica 'Crowborough', s. S. 61

Typha minima
BINSENROHRKOLBEN
☼ ❄❄❄ ↕ 75 cm ↔ 45 cm

Binsenähnliche Flachwasserpflanze mit schlanken Blättern. Die sommerlichen braunen Blüten werden im Herbst zu fedrigen Samenständen. Pflanztiefe 5 bis 10 cm.

Stauden für Gefäße in sonnigen Lagen

DER VORTEIL DER GEFÄSSKULTUR besteht darin, daß man die Kübel im Garten oder auf dem Balkon ebenso frei wie die Möbel in der Wohnung bewegen kann. Außerdem lassen sich in Gefäßen kälteempfindliche Pflanzen kultivieren, die in einem geeigneten Raum frostfrei überwintert werden müssen.

Agapanthus 'Loch Hope'
SCHMUCKLILIE

☼ ❄❄ ↕1,2 m ↔60 cm

In besonders rauhen Regionen muß diese Staude drinnen überwintert werden. Die trichterförmigen, tiefblauen Blüten erscheinen von Sommer bis Herbst. 🏆

Argyranthemum 'Jamaica Primrose'

☼ ❄ ↕↔1 m

Die buschige, immergrüne Staude hat schlanke Stengel und feingefiederte, graugrüne Blätter. Langstielige, zartgelbe Korbblüten von Frühling bis Herbst. 🏆

Canna 'Assaut'
BLUMENROHR

☼ ❄ ↕1,5 m ↔50 cm

Prächtige Staude, die durch große, purpurbraune Blätter und im Sommer und Herbst durch aufrechte Stengel mit gladiolenähnlichen, orangeroten Blüten besticht.

Eucomis bicolor
SCHOPFLILIE

☼ ❄❄ ↕45 cm ↔30 cm

Sommerblühende Zwiebelpflanze. Dichte Ähre aus grünweißen Blüten mit purpur umrandeten Petalen, die von einem Büschel aus Hochblättern überragt werden.

Osteospermum 'Silver Sparkler'

☼ ❄ ↕60 cm ↔45 cm

Die wüchsige, buschige Staude hat cremeweiß gerandete Blätter. An dunklen Trieben erscheinen von Sommer bis Herbst langstielige, weiße Korbblüten.

WEITERE KÜBELPFLANZEN FÜR SONNIGE LAGEN

Agapanthus campanulatus 'Albovittatus'
Argyranthemum 'Vancouver'
Begonia sutherlandii, s. S. 40
Bidens ferulifolia
Francoa sonchifolia, s. S. 27
Hedychium gardnerianum, s. S. 41
Lotus berthelotii
Rehmannia elata
Salvia gesneriiflora
Sedum sieboldii 'Mediovariegatum'

Verbena × hybrida 'Peaches and Cream'
VERBENE, EISENKRAUT

☼ ❄ ↕45 cm ↔50 cm

Im Sommer erscheinen über dem Tuff aus rauh behaarten Blättern gewölbte Dolden aus blaßorangerosa Blüten, die sich apricot, dann cremegelb verfärben.

Stauden für Gefäße in schattigen Lagen

SCHATTIGE PATIOS ODER GÄRTEN und andere absonnigen Standorte lassen sich am einfachsten mit Pflanzen verschönern, die in Gefäßen kultiviert werden. Blattschmuckstauden, in Gruppen oder einzeln gepflanzt, eignen sich besonders gut für den Schatten – und viele von ihnen blühen außerdem sehr schön.

WEITERE KÜBELPFLANZEN FÜR SCHATTIGE LAGEN

Bergenia cordifolia 'Purpurea', s. S. 114
Dryopteris erythrosora, s. S. 140
Hakonechloa macra 'Aureola', s. S. 124
Helleborus argutifolius, s. S. 114
Heuchera 'Pewter Moon'
Hosta 'Zounds', s. S. 60
Lilium longiflorum
Saxifraga fortunei 'Rubrifolia'
Tolmiea menziesii 'Taff's Gold', s. S. 125

Aspidistra elatior
SCHUSTERPALME
☼ ◐ ❄ ↕↔ 60 cm

Die traditionelle Zimmerpflanze stellt mit ihren breit riemenförmigen, immergrünen, glänzenden Blättern auch im Freien einen ausgezeichneten Schmuck dar. 🏆

Hosta 'Sum and Substance'
FUNKIE, HERZBLATTLILIE
☼ ◐ ❄❄❄ ↕ 75 cm ↔ 90 cm

Eine der dankbarsten Sorten zum Schmuck einer schattigen Ecke. Üppiger Horst aus herzförmigen, gelbgrünen Blättern und blaßvioletten Blüten im Sommer. 🏆

Matteucia struthiopteris
STRAUSSENFARN
◐ ❄❄❄ ↕ 1,2 m ↔ 50 cm

Die ausladenden, lanzettförmigen, aufrechten Wedel umgeben ab Spätsommer die braunen Sporenträger im Inneren. Benötigt feuchte, humose Erde. 🏆

Corydalis flexuosa 'China Blue'
LERCHENSPORN
◐ ❄❄❄ ↕ 25 cm ↔ 20 cm

Lohnenswert wegen der attraktiven, farnartigen, wintergrünen Blätter, die im Sommer mit dem Verwelken der röhrenförmigen, blauen Blüten absterben.

Liriope muscari
LILIENTRAUBE
◐ ● ❄❄ ↕ 30 cm ↔ 45 cm

Zu den üppigen Büscheln immergrüner, lanzettförmiger, dunkelgrüner Blätter gesellen sich im Herbst dichte Ähren violetter Blüten. Guter Bodendecker. 🏆

Rodgersia pinnata 'Superba'
SCHAUBLATT
☼ ◐ ● ❄❄❄ ↕ 1,2 m ↔ 75 cm

Die wüchsige, horstbildende Staude besticht sowohl durch große, gefingerte und geäderte Blätter als auch durch kegelförmige, hohe Rispen aus rosa Blüten. 🏆

Kletterpflanzen

DIE MEISTEN KLETTERPFLANZEN, die wir in unseren Gärten kultivieren, verholzen und ziehen nie ganz ein, doch es gibt auch erstaunlich viele krautige Stauden mit rankenden Trieben, die sich zur Begrünung von Mauern, Zäunen, Spalieren oder anderen Rankgerüsten eignen. Neben attraktivem Laub und bestechenden Blüten bieten sie oft dekorative Frucht- und Samenstände oder buntes Herbstlaub.

WEITERE KLETTERPFLANZEN

Aconitum hemsleyanum
Aconitum volubile
Calystegia hederacea 'Flore Pleno'
Clematis x *eriostemon*
Lathyrus latifolius 'Blushing Bride'
Lathyrus nervosus
Lathyrus rotundifolius
Tropaeolum ciliatum
Tropaeolum tuberosum
Tropaeolum tuberosum var. *lineamaculatum* 'Ken Aslet'

Clematis x *durandii*
WALDREBE
☼ ❄❄ ↕ 2 m ↔ 1 m

Die langen Triebe tragen im Sommer tiefblaue Einzelblüten mit großen Blütenblättern und cremegelben Staubgefäßen. Als Bodendecker oder mit Rankhilfe. 🏆

Lathyrus grandiflorus
STAUDENWICKE
☼ ◑ ❄❄ ↕↔ 1,5 m

Die alte Bauerngartenpflanze bildet mit ihren kriechenden Trieben einen dichten Bewuchs. Im Sommer zeigen sich Trauben mit rosa, roten oder purpurnen Blüten. 🏆

Humulus lupulus 'Aureus'
GELBBLÄTTRIGER HOPFEN
☼ ◑ ❄❄❄ ↕↔ 6 m

Die rankenden Triebe dieses wüchsigen Kletterers tragen goldgelbe Blätter. Im Herbst erscheinen nickende Büschel grünlicher Samenstände. 🏆

Lathyrus latifolius 'Albus'
STAUDENWICKE
☼ ◑ ❄❄❄ ↕↔ 2 m

Diese einfach zu kultivierende, zuverlässige, wüchsige Kletterpflanze ist ideal zur Begrünung von Mauern und Zäunen. Weiße Blüten von Sommer bis Herbst.

Tropaeolum speciosum
KAPUZINERKRESSE
☼ ◑ ❄❄ PH ↕↔ 3 m

Den im Sommer und Herbst erscheinenden langgespornten, feuerroten Blüten folgen blaue Früchte auf tiefroten Kelchen. Kühle, feuchte Erde erforderlich. 🏆

Schnittgeeignete Blattschmuckstauden

Der Blattschmuck ist bei Pflanzen ebenso wichtig wie die Blüten. Viele Stauden bieten – nicht selten das ganze Jahr über – ausgesprochen dekoratives Laub, das sich zum Schnitt eignet und in Arrangements grüne, gräuliche oder goldene Akzente setzt sowie auch allein hervorragend zur Geltung kommt.

Paeonia 'Edulis Superba'
Pfingstrose, Päonie
☼ ◐ ❄❄❄ ↕↔ 90 cm

Die meisten Pfingstrosen haben attraktives Laub mit konstrastierenden roten oder purpurnen Stengeln. Auch die rosa Blüten dieser Sorte sind zum Schnitt geeignet.

Hosta 'Hadspen Blue'
Funkie, Herzblattlilie
◐ ● ❄❄❄ ↕ 25 cm ↔ 60 cm

Funkien eignen sich herrlich zum Schnitt, und die großen, herzförmigen, blaugrau überhauchten Blätter dieser Sorte sind besonders attraktiv.

Weitere schnittgeeignete Blattschmuckstauden

Arum italicum 'Marmoratum', s. S. 135
Astilbe 'Fanal'
Bergenia cordifolia 'Purpurea', s. S. 114
Galax urceolata
Hakonechloa macra 'Aureola', s. S. 124
Hosta 'Shade Master'
Hosta 'Zounds', s. S. 60
Phormium tenax, s. S. 117
Polygonatum multiflorum 'Striatum'
Polystichum munitum, s. S. 140
Rodgersia pinnata, s. S. 61

Hosta 'Green Fountain'
Funkie, Herzblattlilie
◐ ● ❄❄❄ ↕ 45 cm ↔ 1 m

Die gebogenen, lanzettförmigen, glänzenden Blätter dieser Sorte haben einen gewellten Rand und bilden einen üppigen Horst. Malvenfarbene Blüten im Sommer.

Iris pallida 'Argentea Variegata'
Bartiris
☼ ◐ ❄❄❄ ↕ 80 cm ↔ 60 cm

Mit schwertförmigen, breitgerandeten Blättern, die bis weit in den Herbst stehenbleiben, und duftenden Blüten im Sommer eine der schönsten Arten.

Polygonatum falcatum 'Variegatum'
Salomonssiegel
☼ ◐ ❄❄❄ ↕ 60 cm ↔ 30 cm

Schon früh bildet diese frühlingsblühende Staude einen Horst aus sanft gebogenen, rötlichen Trieben mit zahlreichen cremefarben gerandeten Blättern.

Schnittgeeignete Blütenstauden

EINER DER GRÜNDE, sich Stauden in den Garten zu holen, liegt darin, daß man so stets frische Schnittblumen zur Hand hat. Man sollte von älteren, gesunden Pflanzen schneiden und dabei den größten Teil der Staude stehenlassen. Neben den allbekannten Schnittstauden wie der Aster gibt es viele mehr, die sich zu diesem Zweck eignen.

Aquilegia, McKana-Hybriden
AKELEI
☼ ◐ ❄❄❄ ↕ 75 cm ↔ 60 cm

Die prächtige, doch kurzlebige Staude trägt vom späten Frühling bis in den Sommer große, langgespornte Blüten in Blau, Gelb und Rot.

WEITERE FRÜHLINGSBLÜHENDE SCHNITTSTAUDEN

- *Bergenia* 'Beethoven', s. S. 26
- *Convallaria majalis*
- *Doronicum x excelsum* 'Harpur Crewe'
- *Galanthus* 'Atkinsii', s. S. 82
- *Narcissus* 'Actaea'
- *Narcissus* 'Mount Hood', s. S. 85
- *Polygonatum x hybridum*
- *Primula vulgaris*
- *Tulipa* 'Purissima'
- *Viola odorata*

Astilbe 'Professor van der Wielen'
PRACHTSPIERE
☼ ◐ ❄❄❄ ↕ 1,2 m ↔ 1 m

Eine der höchsten und dankbarsten Sorten. Im Sommer aufragende Rispen aus winzigen, weißen Blüten über vielfach geteilten Blättern. Liebt feuchten Boden.

Catananche caerulea
RASSELBLUME
☼ ❄❄❄ ↕ 80 cm ↔ 30 cm

Im Sommer erscheinen an drahtigen Stengeln papierartige Knospen, die sich zu blauen, margeritenähnlichen Blüten öffnen. Auch gut zum Trocknen.

Aster x frikartii 'Wunder von Stäfa'
HERBSTASTER
☼ ❄❄❄ ↕ 70 cm ↔ 40 cm

Zuverlässige herbstblühende Beetstaude mit einer Fülle ausdauernder, blauer Korbblüten mit orangefarbener Mitte. Eventuell Stütze erforderlich.

Gaillardia 'Kobold'
KOKARDENBLUME, PAPAGEIENBLUME
☼ ❄❄❄ ↕ 30 cm ↔ 45 cm

Die niedrige, buschige Pflanze ist recht kurzlebig, besticht jedoch im Sommer und Herbst durch große, leuchtend orangerote Korbblüten mit gelben Spitzen.

Iris unguicularis 'Mary Barnard'
SCHWERTLILIE
☼ ❄❄❄ ↕ 30 cm ↔ 60 cm

Die duftenden Einzelblüten dieser sonnenliebenden Art erscheinen vom Spätwinter bis zum zeitigen Frühjahr und werden am besten als Knospe geschnitten.

Leucanthemum × *superbum* 'Cobham Gold' **MARGERITE**
☼ ◐ ❄❄❄ ↕ 60 cm ↔ 20 cm

Diese hübsche Sorte eignet sich hervorragend zum Schnitt. Die horstbildende Staude trägt von Sommer bis Frühherbst gefüllte, weiße Blüten mit gelber Mitte.

Liatris spicata 'Kobold'
PRACHTSCHARTE
☼ ❄❄❄ ↕ 50 cm ↔ 45 cm

Schöne und zuverlässige Staude für feuchte, aber gut durchlässige Böden. Von Spätsommer bis Herbst dichte, aufrechte Ähren mit purpurrosa Blüten.

Lilium 'African Queen'
LILIE
☼ ◐ ❄❄ ↕ 1,5 m ↔ 30 cm

Wie die meisten Lilien eignet sich auch diese Sorte zum Schnitt. Im Sommer trägt sie an einem Stengel mehrere duftende, nickende Blüten in Hellorange.

WEITERE SOMMERBLÜHENDE SCHNITTSTAUDEN

Agapanthus 'Blue Giant', s. S. 84
Achillea 'Coronation Gold', s. S. 102
Alstroemeria, Ligtu-Hybriden
Crocosmia masoniorum, s. S. 104
Dianthus 'Doris', s. S. 110
Echinacea purpurea
Gypsophila paniculata 'Bristol Fairy', s. S. 93
Paeonia 'Sarah Bernhardt', s. S. 107
Platycodon grandiflorus, s. S. 77

Paeonia officinalis 'Crimson Globe'
PFINGSTROSE, PÄONIE
☼ ❄❄❄ ↕ 85 cm ↔ 90 cm

Die große, horstbildende Pflanze bringt schöne, geteilte, tiefgrüne Blätter und im Sommer große, granatrote Einzelblüten mit goldgelben Staubgefäßen hervor.

Schizostylis coccinea 'Viscountess Byng'
SPALTGRIFFEL
☼ ❄❄ ↕ 60 cm ↔ 30 cm

Herbstblühende, horstbildende Staude mit schmal schwertförmigen Blättern und lockeren Büscheln aus sternförmigen, blaßrosa Blüten.

Solidago 'Laurin'
GOLDRUTE
☼ ❄❄❄ ↕ 75 cm ↔ 45 cm

Diese kompakte Sorte der bewährten Bauerngartenpflanze trägt im Sommer in büscheligen, verzweigten Rispen mimosenartige, leuchtendgelbe Blüten.

Stauden mit dekorativen winterlichen Samenständen

IMMER MEHR GÄRTNER begreifen, daß sie sich selbst einer Freude berauben, wenn sie den Garten schon zeitig im Herbst piccobello »aufräumen«, denn viele Stauden besitzen attraktive Samenstände, die besonders mit Reif oder Schnee bedeckt im winterlichen Garten wundervolle Blickfänge darstellen.

Achillea filipendulina
GARBE
☼ ✻✻✻ ↕1,2 m ↔45 cm

Die flachen, doldenförmigen Samenstände dieser horstbildenden, steifstieligen Staude bieten eine ideale Bühne für Reif und Schnee. Gelbe Blüten im Sommer.

Echinops ritro
KUGELDISTEL
☼ ◑ ✻✻✻ ↕60 cm ↔45 cm

Die runden, stacheligen Samenstände dieser pflegeleichten Staude wirken mit Reif überzogen beinahe bizarr. Leuchtendblaue Blüten im Spätfrühling. 🏆

Miscanthus sinensis 'Kleine Fontäne'
CHINASCHILF
☼ ✻✻ ↕1,5 m ↔1,2 m

Im Herbst tragen die in Horsten stehenden, hohen Stengel fingerartig geteilte, kleine Ähren, die im Winter fedrig und weiß werden. Gut für kleine Gärten.

WEITERE STAUDEN MIT WINTERLICHEN SAMENSTÄNDEN

Astilbe 'Superba'
Cimicifuga simplex
Eupatorium purpureum 'Atropurpureum', s. S. 18
Filipendula rubra 'Venusta'
Iris sibirica
Monarda 'Anja'
Panicum squamosum
Sedum spectabile, s. S. 102

Chasmanthium latifolium
PLATTÄHRENGRAS
☼ ◑ ✻✻✻ ↕1 m ↔60 cm

Diese Gras-Art bildet lockere Horste aus beblätterten Stengeln mit herabhängenden Büscheln kleiner, flacher, grüner oder rosa Rispen, die im Winter blaßbraun werden.

Gypsophila paniculata 'Compacta Plena' **SCHLEIERKRAUT**
☼ ✻✻✻ ↕30 cm ↔60 cm

Eine kompakte Zwergform des Schleierkrauts *G. paniculata*. Die kleinen, blaßrosa bis weißen Blüten wirken mit Reif überzogen wie verzaubert.

Monarda 'Beauty of Cobham'
INDIANERNESSEL
☼ ◑ ✻✻✻ ↕90 cm ↔45 cm

Die im Spätsommer und Frühherbst blühende, hübsche Staude trägt dichte Quirle aus rosa Blüten, deren purpurne Brakteen im Winter braun werden. 🏆

Stipa tenuissima
PFRIEMENGRAS, FEDERGRAS
☼ ❄❄❄ ↕↔ 60 cm

Das in dichten Tuffs erscheinende Gras mit sich stets wiegenden Halmen trägt lange, fedrige Rispen aus grünweißen Blüten, die im Winter braun werden.

Phlomis tuberosa
BRANDKRAUT
☼ ❄❄❄ ↕ 1,5 m ↔ 90 cm

Im Winter tragen die beeindruckenden Horste aus hohen, unbeblätterten Stengeln dichte, braune Samenstände. Zweilippige, rosalila Blüten im Sommer.

Phlox 'Lichtspel'
PHLOX
☼ ❄❄❄ ↕ 1,2 m ↔ 60 cm

Im Sommer tragen die aufrechten, beblätterten Stengel rosa Blütenstände, die sich später braun verfärben und den Winter über stehenbleiben.

Rhaponticum cynarioides
☼ ❄❄❄ ↕ 75 cm ↔ 30 cm

Die über gelappten Blättern erscheinenden Stengel tragen im Sommer große, rosa Einzelblüten, die später braun werden und den ganzen Winter stehenbleiben.

Veronica virginica
RIESENEHRENPREIS
☼ ◐ ❄❄❄ ↕ 2 m ↔ 45 cm

Die schmalen, kandelaberartigen Trauben mit violettblauen Blüten, die im Sommer und Herbst an aufrechten Stengeln erscheinen, verfärben sich im Winter braun.

Stauden, die Bienen und andere Insekten anziehen

FARBENFROHE SCHMETTERLINGE sind in jedem Garten willkommene Besucher, aber andere – weniger auffallende – Insekten spielen eine wichtigere Rolle ... etwa die Bienen, die die Pflanzen bestäuben, oder die Schwebfliegen, deren Larven sich von Blattläusen ernähren und so zur Schädlingsbekämpfung beitragen. Sie alle werden von den folgenden Stauden angezogen.

WEITERE STAUDEN, DIE BIENEN UND SCHMETTERLINGE ANLOCKEN

Achillea 'Moonshine'
Allium 'Globemaster', s. S. 82
Asclepias incarnata
Aster amellus 'Veilchenkönigin', s. S. 94
Centranthus ruber, s. S. 86
Eryngium x *tripartitum*, s. S. 31
Eupatorium purpureum 'Atropurpureum', s. S. 18
Monarda 'Squaw', s. S. 105

Allium 'Purple Sensation'
ZIERLAUCH
☼ ❄❄❄ ↕ 90 cm ↔ 10 cm

Alle Lauch-Arten ziehen Insekten an, aber diese Sorte ist besonders schön. An hohen Stielen stehen im Sommer Kugeln aus sternförmigen, violetten Blüten.

Centaurea 'Pulchra Major'
FLOCKENBLUME
☼ ❄❄❄ ↕ 1,2 m ↔ 60 cm

Die horstbildende Staude hat hübsches, silbergraues Laub. Im Sommer erscheinen an verzweigten Stengeln außergewöhnliche rosa Blüten mit silbrigen Brakteen.

Calamintha nepeta 'White Cloud'
STEINQUENDEL
☼ ◑ ❄❄❄ ↕ 45 cm ↔ 75 cm

Besonders Bienen mögen diese hübsche Staude. Im Sommer überziehen kleine, reinweiße Blüten die niedrigen Büschel aus aromatischen Blättern.

Cephalaria gigantea
KAUKASUS-SCHUPPENKOPF
☼ ◑ ❄❄❄ ↕ 2,5 m ↔ 90 cm

Die hochwachsende Staude zieht insbesondere Bienen an. Fiederspaltiges Laub und hohe, verzweigte Stengel mit blaßgelben Einzelblüten im Sommer.

Doronicum pardalianches
GEMSWURZ
◑ ❄❄❄ ↕ 90 cm ↔ 1,2 m

Die kriechende Staude bildet einen Teppich aus herzförmigen, weich behaarten Blättern. Im Frühling und Sommer über viele Wochen gelbe Blüten.

Echinops ritro 'Veitch's Blue'
KUGELDISTEL
☼ ◐ ❄❄❄ ↕ 1,2 m ↔ 75 cm

Die runden, stacheligen Blütenstände dieser Sorte sind im Sommer bei Kindern und Bienen gleichermaßen beliebt. Fiederspaltige Blätter mit filziger Unterseite.

Inula hookeri
HIMALAJA-ALANT
☼ ❄❄❄ ↕↔ 90 cm

Eine der besten Bienenweiden. Die großen Horste beblätterter Stengel tragen im Sommer und Herbst nach wolligen Knospen goldgelbe Strahlenblüten.

Lavandula stoechas
SCHOPFLAVENDEL
☼ ❄❄ ↕↔ 60 cm

Die buschige, kompakte Immergrüne mit schmalen, graugrünen Blättern trägt im Spätfrühling und Sommer langstielige Ähren mit purpurnen Blüten. 🏆

Melittis melissophyllum
IMMENBLATT
☼ ◐ ❄❄❄ ↕↔ 30 cm

Wie der deutsche Name schon verrät, ziehen die purpurlippigen, weißen und rosa Blüten im Frühsommer besonders Bienen an. Das Laub duftet nach Honig.

Salvia pratensis
WIESENSALBEI
☼ ◐ ❄❄❄ ↕ 90 cm ↔ 30 cm

Kurzlebige, aber selbstaussamende Staude mit großen, verzweigten Rispen aus blauvioletten Blüten im Sommer. Große, aromatische, sattgrüne Blätter.

Sedum 'Herbstfreude'
FETTHENNE
☼ ❄❄❄ ↕↔ 60 cm

Diese herbstblühende Sorte lockt mit ihren tiefrosa Blüten, die sich später kupferrot verfärben, besonders Schmetterlinge und Bienen an. Fleischige Blätter. 🏆

Solidago 'Goldenmosa'
GOLDRUTE
☼ ❄❄❄ ↕ 1 m ↔ 60 cm

Kompakte, buschige Staude mit aufrechten, beblätterten Stengeln und büscheligen, verzweigten Rispen aus leuchtendgelben Blüten von Spätsommer bis Herbst. 🏆

Schadstoffunempfindliche Stauden

LUFTVERSCHMUTZUNG – aus welcher Quelle auch immer – wirkt sich negativ auf Pflanzen aus bzw. läßt sie bei länger andauernder Einwirkung schlimmstenfalls sogar absterben. Die folgenden Stauden kommen gut mit der schadstoffbelasteten Luft zurecht, die man in Industriegebieten und an Straßenrändern oft antrifft.

Achillea ptarmica 'The Pearl'
BERTRAMSGARBE, SUMPFGARBE
☼ ❄❄❄ ↕ 75 cm ↔ 60 cm

Diese bewährte, robuste Staude hat aromatische, schmale, gesägte Blätter. Im Sommer erscheinen dichte Doldentrauben aus kleinen, gefüllten Blüten.

Aster novae-angliae 'Andenken an Alma Pötschke' **RAUHBLATTASTER**
☼ ◑ ❄❄❄ ↕ 1,2 m ↔ 60 cm

Die auch nur als 'Alma Pötschke' bekannte, horstbildende Sorte bringt im Frühherbst kirschrote Strahlenblüten mit gelber Mitte hervor. 🏆

Geranium pratense 'Plenum Caeruleum'
WIESENSTORCHSCHNABEL
☼ ◑ ❄❄❄ ↕ 90 cm ↔ 60 cm

Alle Formen dieser Art sind zuverlässig und robust. Diese ausgesprochen wüchsige Sorte trägt im Sommer kleine, locker gefüllte, lavendelblaue Blüten.

Geum 'Lady Stratheden'
NELKENWURZ
☼ ◑ ❄❄❄ ↕↔ 60 cm

Eine alte Bekannte, die im Sommer über großen, gelappten, frischgrünen Blättern an aufrechten Stengeln halbgefüllte, schalenförmige, sattgelbe Blüten trägt. 🏆

Leucanthemum × superbum 'Esther Read' **MARGERITE**
☼ ❄❄❄ ↕↔ 60 cm

Die großen, gefüllten, reinweißen Blüten dieser zuverlässigen, sommerblühenden Staude eignen sich gut zum Schnitt. Horstbildende, beblätterte Stiele.

Lupinus 'My Castle'
LUPINE
☼ ❄❄❄ ↕ 90 cm ↔ 75 cm

Im Sommer erscheinen über dem Horst aus aufrechten Stengeln mit gefingerten Blättern lange Trauben mit tiefrosa-orangefarbenen Schmetterlingsblüten.

WEITERE SCHADSTOFFUNEMPFINDLICHE BLÜTENSTAUDEN

Anaphalis margaritacea var. *yedoensis*
Anemone hupehensis 'Septembercharme', s. S. 96
Dicentra 'Spring Morning'
Geranium × magnificum
Liatris spicata
Lupinus 'The Chatelaine'
Lychnis chalcedonica
Sidalcea candida
Solidago 'Laurin', s. S. 69

Lupinus 'Noble Maiden'
Lupine
☼ ❄❄❄ ↕ 90 cm ↔ 75 cm

Hübsche Pflanze mit Trauben aus cremeweißen Schmetterlingsblüten im Sommer. Horst aus geteilten Blättern. Wie alle Lupinen vor Schnecken schützen.

Malva moschata
Moschusmalve
☼ ❄❄❄ ↕ 90 cm ↔ 60 cm

Ausgesprochen attraktive und einfach zu kultivierende Staude mit geteilten, aromatischen Blättern und rosa Blüten in Trauben von Sommer bis Herbst.

Weitere schadstoffunempfindliche Blattschmuckstauden

Acanthus mollis, Latifolius-Gruppe
Artemisia ludoviciana 'Silver Queen', s. S. 86
Bergenia cordifolia 'Purpurea', s. S. 114
Crambe cordifolia, s. S. 22
Cynara cardunculus, s. S. 130
Lamiastrum galeobdolon 'Florentinum', s. S. 47
Macleaya x *kewensis* 'Flamingo'
Myrrhis odorata, s. S. 49

Pentaglottis sempervirens
◐ ● ❄❄❄ ↕ 90 cm ↔ 60 cm

Robuste Staude mit wintergrünem Horst aus behaarten Blättern, dem im Frühjahr an aufrechten, beblätterten Stengeln tiefblaue Blüten entspringen.

Potentilla 'Gibson's Scarlet'
Fingerkraut
☼ ❄❄❄ ↕ 45 cm ↔ 60 cm

Die beliebte und pflegeleichte Beetstaude trägt im Sommer über Horsten aus langstieligen, tiefgeteilten Blättern leuchtend scharlachrote Blüten. 🏆

Solidago 'Golden Wings'
Goldrute
☼ ❄❄❄ ↕ 1,8 m ↔ 90 cm

Im Spätsommer und Herbst tragen die aufrechten, beblätterten Stengel dieser robusten Staude verzweigte, filigrane Rispen aus goldgelben Blüten.

Veronica spicata 'Rotfuchs'
Ehrenpreis
☼ ❄❄❄ ↕↔ 30 cm

Die aufrechten Ähren mit tiefrosa Blüten erheben sich im Sommer über dem niedrigen Horst aus schmal lanzettförmigen, mittelgrünen Blättern.

Robuste Stauden für Küstenklima

STARKER WIND, SALZIGE LUFT UND VIEL SONNE sind die Hauptmerkmale des Küstenklimas. Da der Boden in Küstenregionen oftmals eher sandig und gut durchlässig ist, müssen die Pflanzen sowohl ausreichend robust als auch anpassungsfähig sein, um gut zu gedeihen. Erstaunlich viele Stauden werden diesen Anforderungen gerecht.

Euphorbia nicaeensis
WOLFSMILCH
☼ ❄❄❄ ↕ 80 cm ↔ 45 cm

Die prachtvolle Immergrüne besitzt rötlichgrüne Stengel und schmale, blaufilzige Blätter. Im Spätfrühling und Sommer erscheinen grüngelbe Blüten.

Allium giganteum
RIESENSCHMUCKLAUCH
☼ ❄❄❄ ↕ 1,5 m ↔ 15 cm

Dichte, runde Blütenstände aus vielen sternförmigen, rosavioletten Blüten erheben sich an hohen Stengeln über den breiten, grundständigen Blättern.

Cichorium intybus 'Roseum'
ZICHORIE, WEGWARTE
☼ ❄❄❄ ↕ 1,2 m ↔ 60 cm

Pfahlwurzler, der einen Horst aus lanzettförmigen, gesägten bis gezähnten Blättern bildet. Im Sommer erscheinen an verzweigten Stengeln rosa Blüten.

Geranium sanguineum 'Max Frei'
BLUTSTORCHSCHNABEL
☼ ❄❄❄ ↕ 20 cm ↔ 30 cm

Bodendeckende Staude mit tiefeingeschnittenen, immergrünen Blättern, die sich im Herbst oft rot verfärben. Im Sommer magentarote Blüten.

Centaurea hypoleuca 'John Coutts'
FLOCKENBLUME
☼ ❄❄❄ ↕ 60 cm ↔ 45 cm

Im Sommer tragen die aufrechten Stengel über großen Horsten aus fiederspaltigen Blättern mit gewelltem Rand ausdauernde, duftende, tiefrosa Blüten.

Erigeron 'Charity'
BERUFKRAUT, FEINSTRAHL
☼ ◐ ❄❄❄ ↕ 60 cm ↔ 45 cm

Die horstbildende Staude hat beblätterte Stengel und trägt im Sommer hübsche lilarosa Strahlenblüten mit grüngelber Mitte. Gut als Bienenweide geeignet.

Glaucium flavum
HORNMOHN
☼ ❄❄❄ ↕ 60 cm ↔ 45 cm

In der Natur oft auf sandigen Böden vorkommend, trägt diese sommerblühende Staude blaugrüne Blätter und Stengel sowie gelbe Blüten, danach Samenkapseln.

Kniphofia 'Atlanta'
FACKELLILIE
☼ ☀ ❄❄ ↕1,2 m ↔75 cm

Prächtige Immergrüne mit linealischem, graugrünem Laub. Im Spätfrühling und Sommer dichte, aufrechte Kolben aus orangeroten und blaßgelben Blüten.

WEITERE STAUDEN FÜR KÜSTENKLIMA

Anthemis punctata ssp. *cupaniana*
Centranthus ruber, s. S. 86
Crambe cordifolia, s. S. 22
Dierama pulcherrimum, s. S. 22
Erigeron glaucus
Helichrysum italicum, s. S. 121
Nipponanthemum nipponicum
Othonna cheirifolia
Senecio cineraria 'White Diamond'
Yucca filamentosa

Pennisetum alopecuroides 'Hameln'
CHINESISCHES FEDERBORSTENGRAS
☼ ❄❄ ↕1 m ↔1,4 m

Die im Sommer erscheinenden bürstenartigen, grünlichweißen Blütenähren verfärben sich grau-, dann goldbraun. Elegante, schmale, gebogene Blätter.

Papaver orientale 'Cedric Morris'
TÜRKISCHER MOHN
☼ ❄❄❄ ↕↔90 cm

Bewährte, horstbildende Bauerngartenpflanze mit behaarten, gräulichen Blättern. Von Spätfrühling bis Sommer große, rosa Blüten mit gekräuseltem Rand.

Platycodon grandiflorus
BALLONBLUME
☼ ☀ ❄❄❄ ↕60 cm ↔30 cm

Im Spätsommer öffnen sich die ballonartig aufgewölbten Knospen zu großen, glockenförmigen, blauvioletten Blüten. Blaugrüne, fein gesägte Blätter. 🏆

Senecio cineraria 'Silver Dust'
KREUZKRAUT, GREISKRAUT
☼ ❄❄ ↕↔30 cm

Verholzende Immergrüne mit sehr dekorativen, silbrigfilzigen, tiefgeteilten Blättern. Im Sommer erscheinen lockere Büschel senfgelber Blüten. 🏆

Robuste Stauden für rauhes Landklima

STARKE WINDE können inbesondere in kälteren Klimazonen bei Pflanzen große Schäden anrichten. Es gibt jedoch zahlreiche Stauden, die auch in rauhen Lagen wachsen und gedeihen, vor allem dann, wenn man sie in der kalten Jahreszeit zumindest vor den schlimmsten Launen des Wetters schützt.

WEITERE STAUDEN FÜR RAUHES LANDKLIMA

Achillea ptarmica 'Boule de Neige', s. S. 48
Alchemilla mollis, s. S. 84
Astilbe chinensis var. *pumila*
Cynoglossum nervosum
Geranium himalayense 'Gravetye'
Primula denticulata
Pulmonaria saccharata 'Mrs. Moon'
Senecio tanguticus, s. S. 118
Veronica gentianoides

Alchemilla conjuncta
FRAUENMANTEL
☼ ◑ ❄❄❄ ↕ 10 cm ↔ 50 cm

Robuste, kriechende Staude; als Bodendecker geeignet. Attraktive, gefingerte Blätter mit seidiger Unterseite. Grüngelbe Blüten erscheinen im Sommer.

Astrantia major 'Hadspen Blood'
GROSSE STERNDOLDE
☼ ◑ ❄❄❄ ↕ 45 cm ↔ 60 cm

Über den dekorativen Horsten aus langstieligen, geteilten und gesägten Blättern erheben sich im Sommer in lockeren Dolden mit dunkelroten Blüten.

Brunnera macrophylla
KAUKASUS-VERGISSMEINNICHT
☼ ❄❄❄ ↕ 45 cm ↔ 60 cm

Im Frühjahr bringt die robuste, zuverlässige Staude Rispen aus leuchtendblauen, vergißmeinnichtähnlichen Blüten hervor. Herzförmige, weich behaarte Blätter. 🏆

Anaphalis margaritacea
SILBERIMMORTELLE
☼ ❄❄❄ ↕↔ 60 cm

Die horstbildenden, wollig behaarten Stengel tragen ebenfalls silbrig behaarte, schmale Blätter und im Spätsommer papierartige, weiße Blüten.

Bergenia x *schmidtii*
BERGENIE, LÖFFELBLATT
☼ ◑ ❄❄❄ ↕ 30 cm ↔ 60 cm

Die zuverlässige Staude trägt von Spätwinter bis Frühling über ledrigen, sattgrünen Blättern große Trugdolden aus rosa Blüten. Guter Bodendecker. 🏆

Centaurea montana f. *alba*
BERGFLOCKENBLUME
☼ ❄❄❄ ↕ 45 cm ↔ 60 cm

Diese hübsche Form der beliebten Staude trägt über Horsten aus graugrün beblätterten Stengeln von Frühjahr bis Sommer große, reinweiße Blüten.

Euphorbia polychroma
GOLDWOLFSMILCH
↕40 cm ↔30 cm

Hochgeschätzte, horstbildende Staude mit eiförmigen, weich behaarten Blättern und ausdauernden, grünlichgelben Blüten von Frühling bis Sommer.

Leucanthemum × superbum 'Wirral Pride' **MARGERITE**
↕75 cm ↔60 cm

Im Sommer tragen die dunkelgrün beblätterten Stengel dieser horstbildenden Staude große, gefüllte, weiße Einzelblüten mit gelblicher Mitte.

Polemonium 'Lambrook Mauve'
SPERRKRAUT, HIMMELSLEITER
↕↔45 cm

Die aufrechten, verzweigten Stengel tragen im Frühsommer lockere Trugdolden aus lilablauen, glockenförmigen Blüten. Runde Polster aus gefiederten Blättern.

Primula 'Wanda'
PRIMEL
↕15 cm ↔20 cm

Die zuverlässige Gartenprimel bringt im Frühling über Wochen hinweg über Büscheln aus frischgrünen Blättern dunkelrot-violette Blüten hervor.

Rhodiola rosea
DICKBLATT, FETTHENNE
↕↔20 cm

Eng mit *Sedum* verwandt; im Sommer an fleischigen, beblätterten, blaugrünen Stengeln winzige, gelbe Blüten. Für Steingärten und Trockenmauern geeignet.

Thermopsis rhombifolia
FUCHSBOHNE
↕↔90 cm

Im Frühsommer erscheinen über dreifach geteilten Blättern lockere Trauben mit gelben Schmetterlingsblüten. Bildet große Horste und wuchert stark.

Hypoallergene Stauden

Menschen, die unter Asthma, Heuschnupfen oder anderen durch herumschwirrende Pollen verursachten Allergien leiden, müssen zu bestimmten Zeiten, besonders im Sommer, den Garten meiden. Auch der Hautkontakt mit den Blättern bzw. Blüten bestimmter Pflanzen kann allergische Reaktionen hervorrufen. Die folgenden, von Insekten bestäubten Pflanzen können von derart geplagten Menschen rund ums Jahr genossen werden.

Ajuga reptans 'Catlin's Giant'
Günsel
☼ ◐ ❄❄❄ ↕ 15 cm ↔ unbestimmt

Der exzellente Bodendecker hat große, braungrüne, immergrüne Blätter, die sich im Alter grün verfärben. Dunkelblaue Blüten erscheinen im Frühsommer. 🏆

Aquilegia chrysantha 'Yellow Queen'
Akelei
☼ ◐ ❄❄❄ ↕ 90 cm ↔ 60 cm

Die verzweigten Stengel dieser kräftigen, aufrechten Staude tragen dekoratives, farnartig geteiltes Laub und im Frühsommer gespornte, goldgelbe Blüten.

Astilbe 'Irrlicht'
Prachtspiere
☼ ◐ ❄❄❄ ↕↔ 50 cm

Im späten Frühling und Frühsommer erscheinen über dem vielfach geteilten, dunkelgrünen Laub aufrechte, fedrige Rispen aus winzigen, weißen Blüten.

Bergenia 'Bressingham White'
Bergenie, Löffelblatt
☼ ◐ ❄❄❄ ↕ 45 cm ↔ 60 cm

Im Frühjahr erscheinen an fleischigen, aufrechten Stengeln über ledrigem, immergrünem Laub lockere Trugdolden aus glockenförmigen, reinweißen Blüten. 🏆

Campanula trachelium 'Bernice'
Nesselglockenblume
☼ ◐ ❄❄❄ ↕ 75 cm ↔ 30 cm

Attraktive, horstbildende Staude mit aufrechten Stengeln und doppelt gesägten Blättern. Gefüllte, violette Blüten im Sommer. Stütze ist meist erforderlich.

Digitalis 'Glory of Roundway'
Fingerhut
☼ ◐ ❄❄❄ ↕ 90 cm ↔ 30 cm

Sommerblühende Staude mit verzweigten, schmal beblätterten Stengeln und langen Trauben mit trichterförmigen, blaßgelben, rosa überhauchten Blüten.

Geranium psilostemon
ARMENISCHER STORCHSCHNABEL
☼ ◑ ❄❄❄ ↕ 1,2 m ↔ 90 cm

Den ganzen Sommer über zeigen sich an dichtstehenden, beblätterten Stengeln wunderschöne, leuchtend magentarote Blüten mit schwarzem Auge.

Hosta 'Blue Blush'
FUNKIE, HERZBLATTLILIE
◑ ● ❄❄❄ ↕ 20 cm ↔ 40 cm

Eine der schönsten Sorten mit dichten Horsten aus lanzettförmigen, stark geäderten, blaugrünen Blättern. Lavendelblaue Blüten erscheinen im Sommer.

Paeonia 'Duchesse de Nemours'
PFINGSTROSE, PÄONIE
☼ ◑ ❄❄❄ ↕↔ 80 cm

Die großen, duftenden, gefüllten Blüten dieser kräftigen Staude sind weiß mit gelbem Grund. Die grün überlaufenen Knospen öffnen sich im Frühsommer. 🏆

Penstemon 'Andenken an Friedrich Hahn' **BARTFADEN**
☼ ◑ ❄❄❄ ↕ 75 cm ↔ 60 cm

Eine der zuverlässigsten Bartfaden-Arten. Ab Sommermitte erscheinen an kräftigen, beblätterten Stengeln in schlanken Rispen längliche, tief weinrote Blüten. 🏆

Sidalcea 'Oberon'
PRÄRIEMALVE
☼ ❄❄ ↕ 1,2 m ↔ 45 cm

Im Sommer erheben sich über unterschiedlich tief geteiltem Laub an aufrechten Stengeln Trauben mit malvenähnlichen, hellrosa Blüten.

Veronica spicata ssp. *incana*
EHRENPREIS
☼ ❄❄❄ ↕ 60 cm ↔ 45 cm

Im Sommer zeigen sich in Kontrast zu den auffallend silbrig behaarten Stengeln und dem mattsilbrigen Laub dichte Ähren mit blauvioletten Blüten.

WEITERE HYPOALLERGENE STAUDEN

Allium 'Globemaster', s. S. 82
Aruncus dioicus, s. S. 18
Astilbe 'Snowdrift'
Dicentra spectabilis
Epimedium x *versicolor* 'Sulphureum'
Hemerocallis 'Golden Chimes'
Hosta 'Honeybells', s. S. 110
Iris sibirica
Polemonium 'Lambrook Mauve', s. S. 79

Viola cornuta
HORNVEILCHEN
☼ ◑ ❄❄❄ ↕ 15 cm ↔ 40 cm

Hübsche, zuverlässige, kleinbuschige Staude mit zart duftenden, lilablauen bis violetten Blüten im späten Frühling und Sommer. Frischgrünes Laub. 🏆

Schneckenresistente Stauden

Schnecken zählen zu den besonders gefräßigen Gartenbewohnern, doch was ihnen in dem einen Garten vorzüglich mundet, schmeckt ihnen im nächsten noch lange nicht. Aber manche Pflanzen verschmähen sie nie, während andere, besonders solche mit harten, rauh behaarten oder giftigen Blättern, verschont bleiben.

Allium 'Globemaster'
Zierlauch
☼ ✻✻✻ ↕80 cm ↔30 cm

Die besonders in Gruppen attraktiv wirkende Zwiebelpflanze besitzt gebogene, riemenförmige Blätter und im Sommer große Kugeln aus tiefvioletten Blüten.

Weitere schneckenresistente Stauden

Aconitum carmichaelii 'Arendsii', s. S. 96
Artemisia ludoviciana
Arum italicum 'Marmoratum', s. S. 135
Campanula persicifolia
Colchicum 'Waterlily', s. S. 96
Epimedium pinnatum subsp. *colchicum*, s. S. 46
Helleborus foetidus
Lobelia siphilitica
Sedum 'Matrona', s. S. 133

Aster ericoides 'Esther'
Myrtenaster
☼ ✻✻✻ ↕70 cm ↔30 cm

Über dem buschigen, frischgrünen Laub erscheinen im Spätsommer und Herbst an verzweigten Stengeln zahlreiche rosa Strahlenblüten mit gelber Mitte.

Bergenia 'Silberlicht'
Bergenie, Löffelblatt
☼ ◐ ✻✻✻ ↕40 cm ↔30 cm

Über der Rosette aus fleischigen, glänzenden Blättern erheben sich im Frühling an kräftigen Stengeln dichte Trugdolden aus weißen Blüten, die rosa werden. 🏆

Corydalis lutea
Gelber Lerchensporn
☼ ◐ ✻✻✻ ↕35 cm ↔30 cm

Schnecken ziehen sich gern unter die immergrünen Blätter zurück, fressen sie aber nur selten. Von Frühling bis Herbst röhrenförmige, gelbe Blüten.

Galanthus 'Atkinsii'
Schneeglöckchen
☼ ✻✻✻ ↕20 cm ↔8 cm

Die starkwüchsige Zwiebelpflanze eignet sich mit ihren schmalen, blaugrünen Blättern und den weißen, grün gezeichneten Blüten für naturnahe Pflanzungen. 🏆

Geranium macrorrhizum
Felsenstorchschnabel
☼ ◐ ❄❄❄ ↕ 50 cm ↔ 60 cm

Die teppichbildende, halbimmergrüne Staude hat geteilte, aromatische Blätter, die sich im Herbst verfärben. Rosa bis purpurne Blüten im Frühsommer.

Hosta 'Halcyon'
Funkie, Herzblattlilie
☼ ◐ ❄❄❄ ↕↔ 70 cm

Eine der schneckenresistentesten Funkien-Sorten mit großen Horsten aus herzförmigen, bläulichgrauen Blättern. Nickende, blaugraue Blüten im Sommer. 🏆

Pulmonaria angustifolia ssp. *azurea*
Lungenkraut
☼ ◐ ❄❄❄ ↕ 25 cm ↔ 45 cm

Die rauh behaarten Blätter dieser Staude bilden einen niedrigen Horst. Im Frühling erscheinen Trauben mit nickenden, röhrenförmigen, enzianblauen Blüten.

Rudbeckia hirta
Sonnenhut
☼ ◐ ❄❄❄ ↕ 80 cm ↔ 90 cm

Bei ausreichender Feuchtigkeit bringt diese Staude von Sommermitte bis Herbst leuchtendgelbe Korbblüten mit dunkler Mitte hervor.

Helleborus x *nigercors*
Nieswurz
◐ ❄❄❄ ↕ 30 cm ↔ 90 cm

Die tellerförmigen, weißen bzw. zartrosa überlaufenen Blüten öffnen sich im Spätwinter über grundständigen Rosetten aus geteilten, immergrünen Blättern. 🏆

Iris chrysographes
Sibirische Iris
☼ ❄❄❄ ↕↔ 50 cm

Eine meiner Lieblingsarten. Über den aufrechten Horsten aus schwertförmigen, graugrünen Blättern öffnen sich im Sommer duftende, samtige, tiefviolette Blüten.

Sedum spectabile 'Iceberg'
Purpurfetthenne
☼ ❄❄❄ ↕↔ 45 cm

Zuverlässige, einfach zu kultivierende Staude mit Polstern aus graugrünen Blättern. Von Sommer bis Herbst fleischige Stiele mit Dolden aus weißen Blüten.

Kaninchenresistente Stauden

BESONDERS IN LÄNDLICHEN GEBIETEN richten Kaninchen von allen Tieren wohl den größten Schaden im Garten an. In rasender Geschwindigkeit haben sie die Beete kahlgefressen, und obwohl es Methoden gibt, die Tiere zu vertreiben, schadet es nicht, einige Stauden zu kultivieren, die ihnen nicht munden.

Agapanthus 'Blue Giant'
SCHMUCKLILIE
☼ ❄❄ ↕ 90cm ↔ 60cm

Im Spätsommer und Frühherbst erscheinen an kräftigen Stengeln über einem Horst aus langen, riemenförmigen Blättern große, lockere Dolden aus tiefblauen Blüten.

Alchemilla mollis
SCHLEIERFRAUENMANTEL
☼ ◑ ❄❄❄ ↕↔ 35 cm

Die anpassungsfähige Staude bringt über flaumigen, gelappten, gekerbten und gezähnten Blättern im Sommer Rispen mit grünlichgelben Blüten hervor. 🏆

Aster ericoides 'Golden Spray'
MYRTENASTER
☼ ❄❄❄ ↕ 90 cm ↔ 30 cm

Vom Spätsommer bis in den Herbst hinein erscheinen an verzweigten Stengeln in Rispen kleine, weiße, rosa überhauchte Strahlenblüten mit gelber Mitte. 🏆

Astilbe 'Straußenfeder'
PRACHTSPIERE
☼ ◑ ❄❄❄ ↕ 90 cm ↔ 60 cm

Der Sortenname beschreibt die geneigten, fedrigen Rispen mit rosa Blüten, die im Sommer und Herbst erscheinen. Die jungen Blätter sind bronze überlaufen. 🏆

Bergenia stracheyi
BERGENIE, LÖFFELBLATT
☼ ❄❄❄ ↕ 20 cm ↔ 30 cm

Über dem niedrigen, immergrünen Laub erheben sich im zeitigen Frühjahr Trugdolden aus duftenden, rosa Blüten. Gut als Bodendecker und Randbepflanzung.

Euphorbia griffithii 'Fireglow'
HIMALAJA-WOLFSMILCH
☼ ◑ ❄❄❄ ↕ 75 cm ↔ 90 cm

Die Stengel der Ausläufer bildenden, kräftigen Staude färben sich im Herbst oft tiefrot. Im Sommer endständige Dolden aus orangefarbenen Blüten.

Helleborus × hybridus
NIESWURZ
◑ ❄❄❄ ↕↔ 45 cm

Schöne Hybriden-Gruppe mit halbimmergrünem Laub und großen, schalenförmigen, nickenden Blüten in vielen Farben von Spätwinter bis Frühling.

Lamium maculatum 'Beacon Silver'
GEFLECKTE TAUBNESSEL
☼ ● ❄❄❄ ↕ 20 cm ↔ 1 m

Die bodendeckende Staude bildet mit ihren gezähnten, silbrigen, grün gerandeten Blättern große, halbimmergrüne Matten. Im Sommer blaßrosa Blüten.

WEITERE KANINCHENFESTE STAUDEN

Aconitum 'Blue Sceptre'
Anemone x *hybrida* 'Königin Charlotte', s. S. 50
Aquilegia 'Magpie'
Aster novi-belgii 'Marie Ballard'
Convallaria majalis 'Fortin's Giant'
Crocosmia 'Lucifer'
Kniphofia triangularis, s. S. 105
Nepeta nervosa
Pulmonaria saccharata
Sedum 'Matrona', s. S. 133

Paeonia officinalis 'Rubra Plena'
PFINGSTROSE, PÄONIE
☼ ◐ ❄❄❄ ↕ 75 cm ↔ 90 cm

Zuverlässige, traditionelle Bauerngartenstaude. Im Sommer erscheinen gefüllte, scharlachrote Blüten mit leicht gekäuselten Kronblättern. Glänzend grünes Laub. 🏆

Narcissus 'Mount Hood'
OSTERGLOCKE, NARZISSE
☼ ◐ ❄❄❄ ↕ 45 cm ↔ 50 cm

Eine klassische Osterglocke. Im Frühling erscheinen herrliche weiße Blüten mit cremefarbener Trompete. Am schönsten wirkt sie in Gruppen gepflanzt.

Trollius x *cultorum* 'Earliest of All'
TROLLBLUME
☼ ◐ ❄❄❄ ↕ 50 cm ↔ 40 cm

Nicht die allererste, aber eine der zeitigeren Stauden. Tiefgeteilte, grob gesägte Blätter und runde, sattgelbe Einzelblüten im Frühling. Liebt schwere Böden.

Veratrum album
WEISSER GERMER
☼ ◐ ❄❄❄ ↕ 2 m ↔ 60 cm

Lohnend allein schon wegen der großen, gefalteten Blätter. Im Sommer gesellen sich dicht verzweigte Rispen aus weißen Blüten hinzu. Gruppenpflanze.

Wildresistente Stauden

NEBEN SCHNECKEN UND KANINCHEN gehört auch Wild zu den im Garten eher unerwünschten Besuchern, doch glücklicherweise sind davon nur Gärten in ländlichen Gebieten oder am Waldrand betroffen. Da das Errichten von wildabwehrenden Zäunen sehr kostspielig und oft nicht durchführbar ist, empfiehlt es sich, Pflanzen zu kultivieren, für die sich das Wild nicht interessiert bzw. die nicht seinem Geschmack entsprechen.

Aconitum lycoctonum ssp. *vulparia*
WOLFSEISENHUT
☼ ☀ ❄❄❄ ↕1,5 m ↔90 cm

Die schöne Staude besitzt handförmig geteilte, glänzend grüne Blätter und bildet im Sommer kurze Trauben mit helmförmigen, strohgelben Blüten.

Astilbe 'Deutschland'
PRACHTSPIERE
☼ ☀ ❄❄❄ ↕50 cm ↔30 cm

Im Sommer erscheinen über den breiten, grün glänzenden, gefiederten Blättern dichte, geneigte, fedrige Rispen aus cremeweißen Blüten. Gut zum Schnitt.

Centranthus ruber
ROTE SPORNBLUME
☼ ❄❄❄ ↕90 cm ↔60 cm

Diese oft an alten Mauern zu findende, verholzende Staude hat fleischige, blaugrüne Blätter und duftende Blüten in Rosa, Rot oder Weiß. Liebt basische Böden.

Artemisia ludoviciana 'Silver Queen'
WEISSER BEIFUSS
☼ ❄❄❄ ↕↔75 cm

Horstbildende Staude mit kriechendem Wurzelstock. Lohnend wegen der lanzettförmigen, silbrigweißen Blätter. Kleine, graugelbe Blüten im Sommer. 🏆

WEITERE WILDFESTE STAUDEN

Aconitum napellus 'Carneum'
Allium schoenoprasum 'Forescate', s. S. 48
Asplenium scolopendrium, s. S. 140
Aster novi-belgii 'Royal Velvet'
Bergenia 'Ballawley', s. S. 135
Epimedium perralderianum, s. S. 34
Geranium sanguineum
Helleborus × hybridus, s. S. 84
Iris foetidissima
Kniphofia uvaria
Lamium maculatum 'White Nancy'
Paeonia 'Bowl of Beauty'
Rudbeckia fulgida var. *sullivantii* 'Goldsturm', s. S. 17
Sisyrinchium striatum
Tellima grandiflora, s. S. 115
Trollius × cultorum 'Earliest of All', s. S. 85

Digitalis purpurea, Excelsior-Hybriden
ROTER FINGERHUT
☀ ❄❄❄ ↕2 m ↔60 cm

Große, jedoch kurzlebige Staude oder Zweijährige mit behaarten Blättern und pastellfarbenen, trichterförmigen Blüten in hohen Trauben im Frühsommer. 🏆

Geranium macrorrhizum 'Bevan's Variety' **FELSENSTORCHSCHNABEL**

☼ ◑ ❄❄❄ ↕ 50 cm ↔ 60 cm

Dankbare halbimmergrüne, frühsommerblühende Staude, gut als Bodendecker geeignet. Die aromatischen, geteilten Blätter verfärben sich oft im Herbst.

Narcissus 'Spellbinder'
OSTERGLOCKE, NARZISSE

☼ ◑ ❄❄❄ ↕↔ 50 cm

Starkwachsende Zwiebelpflanze, schön in großen Gruppen. Die im Frühling erscheinenden Blüten sind schwefelgelb; die Kronblätter verblassen nach und nach. 🏆

Papaver orientale 'Beauty of Livermere' **TÜRKISCHER MOHN**

☼ ❄❄❄ ↕↔ 90 cm

Vom Spätfrühling bis Sommer erscheinen an aufrechten, behaarten Stengeln lachsrosa Blüten, deren Kronblätter an der Basis dunkel gefärbt sind. 🏆

Iris orientalis
SCHWERTLILIE

☼ ❄❄❄ ↕↔ 90 cm

Die robuste Staude bildet mit riemenförmigen Blättern dichte, aufrechte Horste. Im Frühsommer erscheint eine Abfolge weißer, gelb gezeichneter Blüten.

Lysimachia clethroides
SCHNEEFELBERICH

☼ ◑ ❄❄❄ ↕ 90 cm ↔ 60 cm

Kräftige, horstbildende Staude mit aufrechten, schmal beblätterten Stengeln. Im Sommer schwanenhalsartig geschwungene, schlanke Blütenkerzen in Weiß. 🏆

x *Solidaster luteus* 'Lemore'
GOLDRUTEN-HYBRIDE

☼ ❄❄❄ ↕↔ 80 cm

Die in schmale Blätter gehüllten, aufrechten Stengel bringen von Sommer bis Herbst blaß zitronengelbe Blütenstände hervor. Gut als Schnittblume geeignet. 🏆

BLÜTENSCHMUCK

△ SOMMERLICHE BLÜTE *Unterschiedliche Blütenfarben und -formen machen den Reiz dieses Steingartens aus.*

VIELE STAUDEN zeichnen sich besonders durch wundervolle Blüten aus, die Duft und Farbe in Garten und Haus bringen. Die in allen erdenklichen Formen und Farbtönen oft über Monate hinweg erscheinenden Blüten lassen sich rund ums Jahr in vielen Kombinationen einsetzen.

Die herbstblühende *Anemone hupehensis* 'Septembercharme'

Stauden werden ungeachtet ihrer anderen Qualitäten in erster Linie wegen ihrer oft prachtvollen, zuverlässig erscheinenden Blüten kultiviert. Es gibt kaum einen Tag im Jahr, an dem nicht irgendeine Staude blüht – es sei denn, der Garten liegt unter einer dicken Schneeschicht. Von Frühling bis Sommer und weit in den Herbst hinein zeigen sich bunte, duftende Blüten, und selbst der kalte, lichtarme Winter kann einige Stauden nicht vom Blühen abhalten.

BLÜTENFARBEN

Mit einer sehr großen Farbpalette, die von zarten Pastelltönen bis hin zu leuchtendem Rot und Goldgelb reicht, bringen Stauden alle erdenklichen Nuancen in den Garten. Die Blütenfarben lassen sich in naturnahen Pflanzungen bunt kombinieren oder aber in einer formaleren Gestaltung bewußt auf wenige Töne reduziert einsetzen. Die in der freien Natur oft zu findenden starken Farbkontraste – wenn etwa Goldrute *(Solidago)* und Myrtenaster *(Aster ericoides)* zusammentreffen – können unsere Gartengestaltung beeinflussen. Aber auch Ton-in-Ton-Abstufungen, sei es in warmen, kalten oder pastelligen Farben, schaffen eine ganz besondere Wirkung, während sich strengere Gestaltungsmuster oft auf eine einzige Blütenfarbe beschränken.

FORM UND STRUKTUR

Auch die Beschaffenheit der Blüten beeinflußt die Form und Struktur der Gartenlandschaft ganz entscheidend, wenngleich auch nur vorübergehend. So lassen sich mit statuenhaften Blütenständen, fedrigen Rispen, dichten Ähren, langen Trauben, zartem Flor, flachen Dolden und verschiedenen Formen von Einzelblüten viele Kontraste und Effekte schaffen.

△ FEURIGE FARBEN *Die Taglilie* Hemerocallis *'Stafford' und* Lilium *'Enchantment' lodern in dieser Rabatte.*

◁ STARKE KONTRASTE *Mit wenigen kontrastierenden Farben wie Blau und Gelb kann man herrliche Effekte erzielen.*

▷ UNGEZWUNGENE SCHÖNHEIT *Mohn, Fingerhut und Diptam bestechen durch unterschiedliche Höhen und Farben.*

Frühlingsblühende Stauden

KEINE BLÜTEN werden so sehnlich erwartet wie die im Frühjahr. Dies gilt ganz besonders für kältere Regionen, wo nach einem langen Winter in den Gärten zunächst oft nur wenig Farbe zu sehen ist. Mit der ersten warmen Frühlingssonne erwachen die zeitigen Stauden und Zwiebel- bzw. Knollengewächse zu neuem Leben.

Bergenia 'Sunningdale'
BERGENIE, LÖFFELBLATT
☼ ◑ ❄❄❄ ↕45 cm ↔60 cm

Das rundliche, ledrige, immergrüne Laub verfärbt sich im Winter kupferrot. Im Frühjahr erscheinen lockere Trugdolden aus glockenförmigen, rosaroten Blüten.

Chionodoxa luciliae
SCHNEEGLANZ
☼ ❄❄❄ ↕15 cm ↔10 cm

Eine der hübschesten, zuverlässigsten frühen Zwiebeln mit lockeren Büscheln aus sternförmigen, himmelblauen Blüten mit weißer Mitte. Gruppenpflanze. 🏆

Boykinia jamesii
BOYKINIE
◑ ❄❄ PH ↕↔15 cm

Die polsterbildende Pflanze mit dem nierenförmigen Laub trägt im späten Frühjahr an langen Stengeln einen Flor aus rosaroten Blüten mit grüner Mitte. 🏆

Doronicum orientale 'Frühlingspracht'
GEMSWURZ
☼ ◑ ❄❄❄ ↕40 cm ↔90 cm

Der Sortenname beschreibt die farbenfrohe Pflanze mit den gefüllten, goldgelben Blüten über dem Horst aus herzförmigem Laub sehr zutreffend.

Hylomecon japonica
◑ ● ❄❄❄ ↕↔30 cm

Die hübsche Verwandte des Mohns ist eine Waldpflanze. Tiefgeteilte, gesägte Blätter und ungefüllte, sattgelbe Blüten bis Frühsommer. Guter Bodendecker.

WEITERE IMMERGRÜNE, FRÜHLINGSBLÜHENDE STAUDEN

Aurinia saxatilis
Bergenia × schmidtii, s. S. 78
Epimedium pinnatum ssp. *colchicum*, s. S. 46
Erysimum 'Bowles' Mauve'
Euphorbia characias ssp. *wulfenii* 'Lambrook Gold'
Helleborus argutifolius, s. S. 114
Helleborus foetidus
Iberis sempervirens

Lathyrus vernus 'Alboroseus'
FRÜHLINGSPLATTERBSE
☼ ◑ ❄❄❄ ↕40 cm ↔45 cm

Die aufrechten Stengel dieser zuverlässigen, horstbildenden Staude tragen gefiedertes Laub mit paarigen Blättchen und Schmetterlingsblüten in Rosa und Weiß.

Leucojum vernum var. *carpathicum*
MÄRZBECHER
☼ ◑ ❄❄❄ ↕ 25 cm ↔ 15 cm

Reizende Gruppenpflanze mit riemenförmigen, fleischigen Blättern. An aufrechten Stengeln nickende, glockenförmige, weiße Blüten mit gelben Spitzen.

Narcissus 'King Alfred'
OSTERGLOCKE, NARZISSE
☼ ◑ ❄❄❄ ↕ 45 cm ↔ 30 cm

Am schönsten in großen Gruppen, eignet sich diese Sorte besonders für naturnahe Pflanzungen. Große, goldgelbe Blüten an kräftigen, aufrechten Stengeln.

Narcissus 'Thalia'
OSTERGLOCKE, NARZISSE
☼ ◑ ❄❄❄ ↕ 35 cm ↔ 15 cm

Vertreter einer Hybriden-Gruppe von *N. triandrus* mit paarweise erscheinenden, nickenden, milchweißen Blüten mit zartgelb überhauchtem Schlund.

Primula denticulata var. *alba*
KUGELPRIMEL
☼ ◑ ❄❄❄ ↕↔ 45 cm

Die weiße Variante einer beliebten, einfach zu kultivierenden Staude. Die weißen Blüten mit gelber Mitte erscheinen in runden Köpfen über Blattrosetten.

Pulmonaria 'Mawson's Blue'
LUNGENKRAUT
☼ ◑ ❄❄❄ ↕ 35 cm ↔ 45 cm

Niedrige, weich behaarte Blattrosetten; Trauben mit dunkelblauen Blüten von Spätwinter bis Frühling. Schöne Alternative zu den geflecktblättrigen Sorten.

WEITERE KRAUTIGE, FRÜHLINGSBLÜHENDE STAUDEN

Adonis vernalis, s. S. 98
Bergenia ciliata
Brunnera macrophylla, s. S. 78
Cardamine heptaphylla
Euphorbia polychroma, s. S. 79
Hacquetia epipactis, s. S. 37
Helleborus × *hybridus*, s. S. 84
Pachyphragma macrophyllum
Trollius × *cultorum* 'Earliest of All', s. S. 85

Früh- bis mittsommer-blühende Stauden

NACH DEM RAUSCH der ersten Frühlingsblüte ist die Bühne frei für die zahllosen Stauden, die vom Frühsommer bis zur Sommermitte oder sogar länger blühen. Zu ihnen zählen viele der beliebtesten und zuverlässigsten Gartenpflanzen sowie andere, die vielleicht weniger bekannt, aber nicht minder attraktiv sind. Sie zieren die sommerlichen Rabatten.

Aconitum 'Ivorine'
EISENHUT
☼ ◐ ❄❄❄ ↕↔ 90 cm

Kräftige, buschige Pflanze mit tiefgeteilten, gesägten Blättern. Von Frühling bis Frühsommer erscheinen dichte Trauben mit elfenbeinfarbenen Blüten.

Baptisia australis
FÄRBERHÜLSE
☼ ❄❄❄ ↕ 1,5 m ↔ 90 cm

Die im Frühsommer in langen Trauben erscheinenden blauen, weiß gezeichneten Schmetterlingsblüten werden von aufgeblasen wirkenden Samenhülsen gefolgt. 🏆

NIEDRIGE STAUDEN MIT FRÜHSOMMERBLÜTE

Amsonia orientalis
Anthericum liliago, s. S. 30
Centaurea hypoleuca 'John Coutts', s. S. 76
Digitalis grandiflora
Geranium endressii
Hemerocallis 'Golden Chimes'
Incarvillea delavayi, s. S. 118
Paradisea liliastrum
Polemonium carneum

Buphthalmum salicifolium
OCHSENAUGE, RINDSAUGE
☼ ◐ ❄❄❄ ↕ 60 cm ↔ 45 cm

Die hellgelben Strahlenblüten sind zum Schnitt geeignet und erscheinen den ganzen Sommer über. Schmale, weidenähnliche, dunkelgrüne Blätter.

Delphinium 'Fanfare'
RITTERSPORN
☼ ❄❄❄ ↕ 2,2 m ↔ 45 cm

Schöne, hohe Rabattenstaude mit tiefeingeschnittenem, gelapptem Laub und dichten Trauben mit halbgefüllten, malvenfarbenen Blüten mit weißem Auge. 🏆

Geranium 'Johnson's Blue'
STORCHSCHNABEL
☼ ◑ ❄❄❄ ↕45 cm ↔60 cm

Eine der schönsten Gartensorten mit langstieligem, tiefeingeschnittenem Laub und lavendelblauen Blüten mit blasserem Auge im Sommer. 🏆

Gypsophila paniculata
'Bristol Fairy' **SCHLEIERKRAUT**
☼ ❄❄❄ ↕↔1,1 m

Bei Floristen beliebte Pflanze, die ein Meer winziger, weißer, gefüllter Blüten in lockeren Rispen an drahtigen, verzweigten Stengeln hervorbringt. 🏆

Hemerocallis middendorffii
TAGLILIE
☼ ❄❄❄ ↕90 cm ↔45 cm

Im Frühsommer öffnen sich die rötlichbraunen Knospen zu sternförmigen, duftenden, orangegelben Blüten. Halbimmergrünes, riemenförmiges Laub.

Iris 'Blue-eyed Brunette'
SCHWERTLILIE
☼ ◑ ❄❄❄ ↕90 cm ↔60 cm

Über den typisch schwertförmigen, graugrünen Blättern erheben sich im Frühsommer große, rötlichbraune Blüten mit lilablauem Fleck und goldenem Bart. 🏆

HALBHOHE BIS HOHE STAUDEN MIT FRÜHSOMMERBLÜTE

Aruncus dioicus, s. S. 18
Cimicifuga racemosa
Crambe cordifolia, s. S. 22
Euphorbia griffithii 'Fireglow', s. S. 84
Geranium psilostemon, s. S. 81
Iris sibirica
Macleaya microcarpa 'Kelway's Coral Plume'
Papaver orientale 'Cedric Morris', s. S. 77

Malva alcea var. *fastigiata*
ROSENPAPPEL
☼ ❄❄❄ ↕80 cm ↔60 cm

Die Abfolge großer, tiefrosa Blüten mit fünf Petalen hält oft bis in den Herbst an. Tiefgeteiltes Laub umgibt die schmalen Horste aus aufrechten Stengeln.

Scabiosa caucasica 'Clive Greaves'
KAUKASUS-SKABIOSE
☼ ❄❄❄ ↕↔60 cm

Bewährte, zuverlässige Blütenstaude. Die flachen, lavendelblauen Strahlenblüten eignen sich gut zum Schnitt und erscheinen über mehrere Wochen hinweg. 🏆

Stachys macrantha
GROSSBLUMIGER ZIEST
☼ ❄❄❄ ↕60 cm ↔30 cm

Ab Frühsommer gesellen sich zu den attraktiven Rosetten aus herzförmigem, runzeligem Laub zylindrische Blütenstände aus röhrenförmigen, rosavioletten Blüten.

Mitt- bis spätsommer-blühende Stauden

VIELE SOMMERBLÜHENDE STAUDEN nutzen die Wärme und die Sonne und schmücken den Garten über einen längeren Zeitraum hinweg. Im folgenden werden sowohl Stauden vorgestellt, die bereits im Frühsommer blühen, als auch solche, die ihre Blütenpracht bis in den Frühherbst hinein zeigen. Sie alle blühen ausdauernd und zuverlässig.

Aster amellus 'Veilchenkönigin'
BERGASTER
☼ ❄❄❄ ↕50 cm ↔45 cm

Herrlicher Spätsommerblüher mit Horsten aus aufrechten, beblätterten Stengeln. Große, flache, purpurviolette Strahlenblüten mit gelber Mitte.

Coreopsis grandiflora 'Badengold'
MÄDCHENAUGE
☼ ◐ ❄❄❄ ↕90 cm ↔45 cm

Die hübsche Staude hat gefiedertes Laub und trägt den ganzen Sommer über an aufrechten Stengeln leuchtendgelbe Strahlenblüten mit orangefarbener Mitte.

Digitalis x *mertonensis*
FINGERHUT
☼ ◐ ❄❄❄ ↕90 cm ↔30 cm

Die röhren- bis trichterförmigen Blüten dieser robusten, horstbildenden Staude haben die Farbe von Erdbeereis. Auch die geäderten Blätter sind sehr attraktiv.

Inula ensifolia
SCHWERTALANT
☼ ◐ ❄❄❄ ↕60 cm ↔30 cm

Zuverlässige Staude mit schmalen, kleinen Blättern und dichtbuschigen Horsten aus aufrechten Stengeln. Goldgelbe Strahlenblüten über viele Wochen.

Kniphofia 'Samuel's Sensation'
FACKELLILIE
☼ ◐ ❄❄ ↕1,5 m ↔75 cm

Von Spätsommer bis Frühherbst erheben sich über dem schmal linealischen Laub aufrechte Kolben aus scharlachroten Blüten, die zu Gelb verblassen.

WEITERE MITTSOMMERBLÜHENDE STAUDEN

Campanula latifolia var. *macrantha*
Centranthus ruber, s. S. 86
Crocosmia 'Lucifer'
Galega 'His Majesty'
Hemerocallis 'Stafford'
Macleaya cordata
Prunella grandiflora
Stachys macrantha
Veronica austriaca ssp. *teucrium* 'Crater Lake Blue'

Lavatera 'Rosea'
BUSCHMALVE
☼ ❄❄ ↕↔ 2 m

Eine der beliebtesten und dankbarsten Sorten. Bildet große, dichte an der Basis verholzende, halbimmergrüne Büsche mit tiefrosa Blüten im Sommer. 🏆

WEITERE SPÄTSOMMERBLÜHENDE STAUDEN

Aconitum 'Bressingham Spire'
Anemone × *hybrida* 'Königin Charlotte', s. S. 50
Aster cordifolius 'Sweet Lavender'
Gentiana asclepiadea, s. S. 107
Helenium 'Septemberfuchs', s. S. 104

Monarda 'Prärienacht'
INDIANERNESSEL
☼ ◐ ❄❄❄ ↕ 90 cm ↔ 60 cm

Über dem dichten Horst aus vierkantigen, filzig behaarten Stengeln erhebt sich im Sommer eine Fülle lilavioletter Blüten mit rötlich überlaufenen, grünen Brakteen.

Nepeta sibirica
KATZENMINZE
☼ ◐ ❄❄❄ ↕ 90 cm ↔ 45 cm

Aromatische, gezähnte Blätter umgeben die aufrechten Horste aus vierkantigen Stengeln. Lange, ährenartige Blütenstände mit großen, tiefvioletten Blüten.

Physostegia virginiana 'Vivid'
GELENKBLUME
☼ ◐ ❄❄❄ ↕ 60 m ↔ 30 cm

Im Sommer zeigen sich über üppigem, länglichem, gesägtem Laub aufrechte Ähren mit leuchtendpurpurrosa, trichterförmigen Blüten. Gute Schnittblume. 🏆

Salvia × *sylvestris* 'Mainacht' **SOMMERSALBEI**
☼ ❄❄❄ ↕ 60 cm ↔ 30 cm

Der Sortenname beschreibt die samtigen, dunkelindigoblauen Blüten mit den purpurnen Brakteen, die in langen Ähren an beblätterten Stengeln erscheinen. 🏆

Verbena bonariensis
PATAGONISCHES EISENKRAUT
☼ ❄❄ ↕ 2 m ↔ 45 cm

Diese Pflanze zieht mit ihren filigranen Doldentrauben aus winzigen, violettblauen Blüten Bienen, Schmetterlinge und andere Insekten an. Versät sich leicht.

Herbstblühende Stauden

In vielen Gärten, besonders in kühleren Regionen, wo ein langer, schneereicher Winter bevorsteht, ist der Herbst gleichbedeutend mit der atemberaubenden Farbpracht des absterbenden Laubs und mit den herrlichen Effekten der Samenstände, der Beeren und anderer Früchte. Die wenigen Stauden, die zu dieser Zeit blühen, werden um so mehr geschätzt, weil sie dem Garten so kurz vor Einbruch des Winters noch einmal zu Leben verhelfen.

Cyclamen hederifolium
Alpenveilchen
☼ ❄❄ ↕ 10 cm ↔ 15 cm

Die marmorierten Blätter folgen den schönen, schlankstieligen, rosa oder weißen Blüten. Bodendecker, Gruppenpflanze oder als Gehölzunterpflanzung. 🏆

Aconitum carmichaelii 'Arendsii'
Eisenhut
☼ ◑ ❄❄❄ ↕ 1,2 m ↔ 60 cm

Große, horstbildende Pflanze, lohnend wegen ihres dichten, tiefgeteilten, dunkelgrünen Laubs und der helmförmigen, violettblauen Blüten mit dunklem Auge.

Cimicifuga simplex 'Elstead'
Oktobersilberkerze
☼ ❄❄❄ ↕ 1,2 m ↔ 60 cm

Die geschwungenen Stengel dieser anmutigen Staude tragen über dunkelgrünem bis purpurnem Laub lange, zylindrische Trauben mit winzigen, weißen Blüten. 🏆

Leucanthemella serotina
Oktobermargerite
☼ ◑ ❄❄❄ ↕ 2 m ↔ 90 cm

Die spätblühende Staude trägt an hohen, beblätterten Stengeln große, einfache, weiße Korbblüten, die mit der Sonne wandern. Früher *Chrysanthemum uliginosum*. 🏆

Anemone hupehensis 'Septembercharme'
Herbstanemone
☼ ◑ ❄❄❄ ↕ 75 cm ↔ 60 cm

Die zur Gruppe der Japan-Anemonen zählende Pflanze ist sehr zuverlässig. Sie bildet tiefgeteilte, dunkelgrüne Blätter und über Wochen hellrosa Blüten. 🏆

Colchicum 'Waterlily'
Zeitlose
☼ ❄❄❄ ↕ 12 cm ↔ 10 cm

Eine der schönsten Zwergformen, besonders hübsch in Gruppen. Die gefüllten, schlanken, lilarosa Blüten benötigen oft eine Stütze. Blattaustrieb im Frühling.

Nerine bowdenii 'Mark Fenwick'
Guernsey-Lilie
☼ ❄❄ ↕ 45 cm ↔ 30 cm

Diese spektakuläre, herbstblühende Zwiebelpflanze besitzt geschmeidige Stengel und lockere Büschel aus rosa Blüten. Später folgt breit riemenförmiges Laub.

Schizostylis coccinea 'Major'
SPALTGRIFFEL

☼ ❄ ↕ 60 cm ↔ 30 cm

Große, schalenförmige, karmin- bis scharlachrote Blüten in aufrechten Ähren über flachen, schwertförmigen Blättern. Am schönsten in Gruppen gepflanzt. 🏆

WEITERE HERBSTBLÜHENDE STAUDEN

Aster cordifolius 'Sweet Lavender'
Colchicum speciosum 'Album'
Eupatorium purpureum 'Atropurpureum', s. S. 18
Kniphofia triangularis, s. S. 105
Leucojum autumnale
Sedum 'Carmen'
Senecio tanguticus, s. S. 118
Tricyrtis hirta var. *alba*
Verbena bonariensis, s. S. 95

Strobilanthes atropurpureus

☼ ◑ ❄❄ ↕ 1,2 m ↔ 90 cm

Ausgefallene, aber prächtige Staude mit gebogen röhrenförmigen, dunkel blauvioletten Blüten in dichten Ähren an buschig verzweigten, beblätterten Stengeln.

Sedum 'Vera Jameson'
FETTHENNE, DICKBLATT

☼ ❄❄❄ ↕ 25 cm ↔ 45 cm

Das Juwel unter den herbstblühenden *Sedum*-Arten bildet niedrige Polster aus purpurrosa Blättern sowie dichte Köpfe aus sternförmigen, rosa Blüten. 🏆

Tricyrtis formosana
KRÖTENLILIE

◑ ● ❄❄❄ ↕ 80 cm ↔ 45 cm

Die ungewöhnlichen weißen Blüten mit tiefrosa Zeichnung machen diese aufrechte, horstbildende Staude zu einer kleinen Schönheit. Ebenso attraktives Laub.

Vernonia crinita
PURPURDOST

☼ ◑ ❄❄❄ ↕ 2 m ↔ 90 cm

Von Spätsommer bis Herbst erscheinen an den aufrechten, schmal beblätterten Stengeln dieser ausdauernden Staude flache, purpurviolette Blütenstände.

Winterblühende Stauden

IN KALTEN KLIMAZONEN, wo der Winter über viele Monate hinweg mit Schnee und Eis meist die gesamte Vegetation zum Stillstand bringt, ist zu dieser Jahrezeit jede blühende Pflanze eine willkommene Überraschung. Die im folgenden vorgestellten Pflanzen, darunter zahlreiche Zwiebel- bzw. Knollengewächse, zieren den Garten zu einer Zeit, zu der das Laub anderer krautiger Gewächse bereits eingezogen bzw. abgefallen ist.

Eranthis hyemalis
WINTERLING
↕ 8 cm ↔ 5 cm

Über dem eingeschnittenen Laub erheben sich im Winter und Frühjahr schalenförmige, leuchtendgelbe Blüten. Am schönsten in großen Gruppen gepflanzt.

Adonis vernalis
FRÜHLINGSADONISRÖSCHEN
↕ 38 cm ↔ 45 cm

Im Spätwinter/Frühling erscheinen über Horsten aus fiederteiligen, sattgrünen Blättern goldgelbe Blüten. Frühere Blüte in Gefäßen oder geschützten Lagen.

Crocus tommasinianus
WILDKROKUS
↕ 10 cm ↔ 7,5 cm

Gut verwildernde Knollenpflanze mit schlanken, röhrenförmigen, duftenden Blüten in Purpurlila bis Violett von Winter bis in den zeitigen Frühling.

WEITERE WINTERBLÜHENDE STAUDEN

Adonis amurensis
Bergenia x *schmidtii*, s. S. 78
Eranthis x *tubergenii* 'Guinea Gold'
Galanthus nivalis 'Flore Pleno'
Helleborus argutifolius, s. S. 114
Helleborus x *sternii* Blackthorn Group
Narcissus 'Rijnveld's Early Sensation'
Pulmonaria rubra 'Redstart'
Petasites fragrans
Viola odorata

Arisarum vulgare
↕ 15 cm ↔ 13 cm

Knollengewächs mit breit pfeilförmigen, grünen Blättern, denen haubenförmige, braun- bzw. purpur-weiß gestreifte Blüten mit langem Fortsatz folgen.

Cyclamen coum f. *albissimum*
ALPENVEILCHEN
↕ 10 cm ↔ 15 cm

Winterblühende Knollenstaude, die niedrige Polster aus nierenförmigen, fleischig grünen oder marmorierten Blättern bildet. Kleine, weiße Blüten mit roter Zeichnung.

Galanthus nivalis 'Sandersii' **GEFÜLLTBLÜHENDES SCHNEEGLÖCKCHEN**
↕↔ 10 cm

Reizende, ungewöhnliche Sorte des beliebten Schneeglöckchens. Die Staubgefäße und die Spitzen der inneren Petalen sind leuchtendgelb. Wächst langsam.

Galanthus reginae-olgae ssp. *vernalis*
Schneeglöckchen
☼ ❄❄ ↕↔ 10 cm

Die inneren Petalen der im Spätwinter und Frühjahr erscheinenden, zart duftenden, nickenden, weißen Blüten haben grüne Spitzen. Dunkelgrünes Laub.

Iris unguicularis 'Walter Butt'
Schwertlilie
☼ ❄❄ ↕ 30 cm ↔ 40 cm

Die wunderschöne, winterblühende Staude trägt über viele Wochen große, duftende, malvenfarbene Blüten über schmalem, immergrünem Laub.

Lathraea clandestina
Schuppenwurz
☼ ◐ ❄❄❄ ↕ 5 cm ↔ 30 cm

Die schmarotzende Pflanze wächst auf Weiden- oder Pappelwurzeln. Im Spätwinter erscheinen über bleichen Blättern zweilippige, dunkelmalvenfarbene Blüten.

Helleborus foetidus 'Wester Flisk'
Stinkende Nieswurz
☼ ◐ ❄❄❄ ↕ 80 cm ↔ 45 cm

Die Stengel, das vielfach geteilte, immergrüne Laub und die schalenförmigen, blaßgrünen Blüten dieser außergewöhnlichen Staude sind rot geädert überlaufen.

Helleborus niger 'Potter's Wheel'
Christrose
◐ ❄❄❄ ↕ 30 cm ↔ 45 cm

Zuverlässige Sorte einer beliebten Bauerngartenpflanze mit schalenförmigen, weißen Blüten mit grünem Auge über niedrigem, ledrigem, immergrünem Laub.

Narcissus 'Bowles' Early Sulphur'
Osterglocke, Narzisse
☼ ◐ ❄❄❄ ↕ 20 cm ↔ 13 cm

Mit mittelgelben Blüten ist diese Osterglocke im Spätwinter eine der zeitigsten niedrigen Vertreterinnen ihrer Gattung. Horste aus riemenförmigen Blättern.

Stauden mit lang andauernder Blüte

DIE MEISTEN GARTENSTAUDEN blühen, besonders im Frühling, nur über einen begrenzten Zeitraum. Um so verständlicher ist es daher, daß viele Gärtner nach Pflanzen mit lang andauernder Blüte Ausschau halten. Die folgenden Stauden blühen gewöhnlich den ganzen Sommer über bzw. vom Sommer bis in den Herbst hinein.

Astrantia major 'Shaggy'
GROSSE STERNDOLDE
☼ ◐ ❄❄❄ ↕ 90 cm ↔ 45 cm

Im Sommer erscheinen an verzweigten Stengeln in Dolden winzige Blüten, die von großen, weißen Brakteen mit grünen Spitzen umgeben werden. Horstbildend. 🏆

Dicentra 'Stuart Boothman'
FARNHERZBLUME
◐ ❄❄❄ ↕ 30 cm ↔ 40 cm

Büschelige, horstbildende Staude mit gefiedertem, farnartigem, blaugrauem Laub und herzförmigen, nickenden, rosaroten Blüten von Frühling bis Sommer. 🏆

Geranium x *riversleaianum* 'Russell Prichard'
☼ ◐ ❄❄❄ ↕ 30 cm ↔ 1 m

Die flachwachsende Pflanze hat regelmäßig geteilte, scharfgesägte, graugrüne Blätter und trägt im Sommer magentarote Blüten. Guter Bodendecker. 🏆

WEITERE STAUDEN MIT AUSDAUERNDER BLÜTE

Acanthus spinosus
Anthemis 'Susanna Mitchell'
Aster x *frickartii* 'Mönch', s. S. 16
Diascia 'Coral Belle'
Geranium wallichianum 'Buxton's Variety'
Lavatera 'Rosea', s. S. 95
Oenothera speciosa 'Rosea', s. S. 21
Scabiosa 'Butterfly Blue'
Viola cornuta, Alba-Gruppe, s. S. 27

Dianthus deltoides
HEIDENELKE
☼ ❄❄❄ ↕ 20 cm ↔ 30 cm

Die zuverlässige Art trägt den ganzen Sommer hindurch weiße, rote oder rosa Blüten mit dunklem Auge. Schlanke, schmal beblätterte, mattenbildende Stengel. 🏆

Epilobium glabellum
WEIDENRÖSCHEN
☼ ◐ ❄❄ ↕↔ 20 cm

Im Sommer tragen die in Horsten stehenden, halbimmergrün beblätterten Stengel cremeweiße oder rosa überhauchte Blüten. Bevorzugt kühlen, feuchten Boden.

Geum 'Red Wings'
NELKENWURZ
☼ ◐ ❄❄❄ ↕ 60 cm ↔ 40 cm

Die den Sommer über erscheinenden Einzelblüten sind halbgefüllt, scharlachrot und stehen an verzweigten Stengeln über weich behaartem Laub.

Oenothera macrocarpa
NACHTKERZE
☼ ❄❄ ↕ 15 cm ↔ 50 cm

Die auch als *O. missouriensis* bekannte, kräftige Staude hat sich ausbreitende Stengel, schmale Blätter und zeigt von Frühling bis Herbst goldgelbe Blüten. 🏆

Scabiosa caucasica 'Miss Willmott'
KAUKASUS-SKABIOSE
☼ ❄❄❄ ↕ 90 cm ↔ 60 cm

Im Sommer zieren an aufrechten, drahtigen Stengeln große, weiße Einzelblüten mit cremeweißer Mitte den großen Horst aus graugrünen, gefiederten Blättern. 🏆

Tradescantia x *andersoniana* 'Isis'
GARTENTRADESKANTIE
☼ ◑ ❄❄❄ ↕↔ 50 cm

Horstbildende Staude mit aufrechten Stengeln und lanzettförmigen, stengelumfassenden Blättern. Von Sommer bis Herbst große, tiefblaue Blüten mit drei Petalen. 🏆

Phygelius x *rectus* 'African Queen'
KAFFERNLILIE
☼ ❄❄ ↕ 1 m ↔ 1,4 m

Lockerer Halbstrauch mit aufrechten, vierkantigen Trieben. Im Sommer erscheinen hängende, röhrenförmige, blaßrote Blüten mit gelbem Schlund. 🏆

Salvia microphylla
SALBEI
☼ ◑ ❄❄ ↕↔ 1,2 m

Die weich behaarten, immergrünen Blätter dieses Halbstrauchs riechen nach Schwarzen Johannisbeeren, wenn man sie zerreibt. Rote Blüten von Sommer bis Herbst.

Viola 'Bowles' Black'
VEILCHEN
☼ ◑ ❄❄❄ ↕ 10 cm ↔ 20 cm

Reizende Staude mit Tuffs aus immergrünem Laub bzw. beblätterten Stengeln. Von Frühling bis Herbst samtig schwarze Blüten mit goldener Mitte. Versät sich.

Stauden mit flachen Blütenständen oder Blütenflor

Es gibt viele Methoden, um im Staudenbeet für Spannung zu sorgen – etwa durch unterschiedliche Wuchshöhen oder Blatteffekte, aber auch, indem man horizontal verzweigte Stauden, solche mit flachen Blütenständen oder breitem Blütenflor einsetzt. So entsteht ein Kontrast zu aufrechten oder runden Formen und aufragenden Blütenständen.

Achillea 'Coronation Gold'
GARBE
☼ ❄❄❄ ↕ 90 cm ↔ 45 cm

Die im Sommer und Herbst erscheinenden breiten Dolden aus winzigen, gelben Blüten eignen sich zum Schnitt und zum Trocknen. Immergrüner Blatthorst. 🏆

Chaerophyllum hirsutum 'Roseum'
BERGKERBEL
☼ ◑ ❄❄❄ ↕ 60 cm ↔ 50 cm

Hübsche, robuste Horstpflanze mit flachen, breiten Dolden aus rosa Blüten im Frühsommer, behaarten Stengeln und farnartigem, gefiedertem Laub.

Aster lateriflorus 'Horizontalis'
ASTER
☼ ◑ ❄❄❄ ↕ 60 cm ↔ 40 cm

Die dichtbuschige Pflanze hat eine waagrecht ausgerichtete Wuchsform, schmale Blätter und winzige, malvenfarbene Blüten. Kupferbraune Herbstfärbung. 🏆

Sambucus ebulus
ZWERGHOLUNDER
☼ ◑ ❄❄❄ ↕ 90 cm ↔ unbestimmt

Die im Sommer erscheinenden großen Dolden aus weißen, süßlich duftenden Blüten werden von schwarzen Beeren gefolgt. Lange, schmale Blätter an kräftigen Trieben.

Sedum spectabile
PURPURFETTHENNE
☼ ❄❄❄ ↕↔ 45 cm

Bewährte Bauerngartenpflanze und gute Bienenweide. Im Spätsommer erscheinen flache Blütenschirme aus rosa Blüten über fleischigen, gräulichen Blättern. 🏆

Selinum wallichianum
WASSERSCHIERLING
☼ ◑ ❄❄❄ ↕ 1,2 m ↔ 60 cm

Hübsche Staude mit aufrechten Stengeln und farnartigen, gefiederten Blättern. Im Sommer und Herbst zeigen sich winzige, weiße Blüten in flachen Dolden.

WEITERE STAUDEN MIT FLACHEN BLÜTENSTÄNDEN

Achillea filipendulina 'Gold Plate'
Aster amellus 'King George'
Aster amellus 'Sonia'
Chaerophyllum hirsutum
Heracleum lanatum
Ligularia dentata
Sambucus adnata
Sedum 'Herbstfreude', s. S. 73
Solidago 'Crown of Rays'
Tanacetum vulgare

Stauden mit aufrechten Blütenständen

STAUDEN MIT HOCH AUFRAGENDEN Blütenständen können eindrucksvolle Effekte schaffen, den Garten gliedern und die Gestaltung strukturieren, da sie sich mit steifen Ähren oder eleganten Trauben über alle anderen Pflanzen erheben. Meist öffnen sich die Blüten von unten nach oben, doch bei einigen wie der Prachtscharte *Liatris spicata* ist es umgekehrt.

Ligularia 'The Rocket'
GOLDKOLBEN
☼ ☀ ❄❄❄ ↕ 1,8 m ↔ 1 m

Im Sommer erheben sich hohe, schwarzstielige Ähren mit winzigen, goldgelben Blüten über langstieligem, herzförmigem Laub. Feuchter Boden erforderlich. 🏆

Delphinium 'Butterball'
RITTERSPORN
☼ ❄❄❄ ↕ 1,5 m ↔ 75 cm

Ab Frühsommer und zuweilen nochmals später zeigt diese prächtige Beetstaude dichtstehende, halbgefüllte, cremeweiße Blüten in straff aufrechten Trauben.

Epilobium angustifolium f. *album*
WEIDENRÖSCHEN
☼ ☀ ❄❄❄ ↕ 1,5 m ↔ 1 m

Die aufrechten Stiele dieser kräftigen Staude sind in schmal lanzettförmiges Laub gehüllt. Im Sommer aufrechte, lange Trauben mit weißen Blüten. Versät sich.

WEITERE STAUDEN MIT HOHEN BLÜTENSTÄNDEN

Asphodeline lutea, s. S. 22
Cimicifuga racemosa
Eremurus x *isabellinus*, Shelford-Hybriden
Heuchera cylindrica
Liatris spicata
Lysimachia ephemerum, s. S. 131
Lythrum virgatum 'The Rocket'
Verbascum chaixii
Veronica virginica f. *alba*, s. S. 29

Digitalis parviflora
FINGERHUT
☀ ❄❄❄ ↕ 1,2 m ↔ 45 cm

Die ungewöhnliche Art zeigt im Sommer steife, straff aufrechte Trauben mit goldbraunen, rot geäderten Blüten über niedrigen, hellgrünen Blattrosetten.

Kniphofia 'Erecta'
FACKELLILIE
☼ ☀ ❄❄ ↕ 90 cm ↔ 60 cm

Robuste, horstbildende Staude mit steifem, linealischem Laub. Im Spätsommer und Herbst erscheinen prächtige, aufragende Kolben mit korallenroten Blüten.

Verbascum chaixii 'Album'
KÖNIGSKERZE
☼ ❄❄❄ ↕ 90 cm ↔ 45 cm

Imposante, zuverlässige Staude. Im Sommer hohe, verzweigte Rispen, dicht besetzt mit weißen Blüten mit malvenfarbener Mitte. Halbimmergrüne Blattrosette.

BLÜTENSCHMUCK

Stauden mit feurigen Blütenfarben

BLÜTEN IN FEURIG LEUCHTENDEN FARBEN mögen eher auf dezente Effekte bedachte Gärtner weniger reizen, doch bringen sie Leben und Spannung in den Garten. Sie reflektieren die Intensität und Wärme der Sonne, und schon eine einzige Blüte kann eine eintönige Rabatte auffrischen. In Gruppen gepflanzt, sorgen sie für ein wahres Feuerwerk.

WEITERE STAUDEN MIT FEURIGEN BLÜTENFARBEN

Crocosmia 'Jackanapes'
Euphorbia griffithii 'Fireglow', s. S. 84
Fritillaria imperialis
Kniphofia 'Prince Igor', s. S. 23
Kniphofia rooperi
Lilium 'Enchantment'
Lilium superbum
Pilosella aurantiaca
Potentilla 'William Rollison'
Primula bulleyana

Asclepias tuberosa
KNOLLIGE SEIDENPFLANZE
☼ ❄❄ ↕90 cm ↔60 cm

In ihrer Heimat ein Wildkraut, besticht die Staude im Spätsommer durch Dolden aus leuchtend orangefarbenen Blüten. Der milchige Saft ist hautreizend.

Dahlia 'Bishop of Llandaff'
DAHLIE
☼ ❄ ↕1,1 m ↔45 cm

Im Spätsommer öffnen sich die halbgefüllten, feuerroten Blüten dieser beliebten Knollenpflanze. Rot überhauchte Stengel und Blätter. Knollen im Winter schützen.

Geum coccineum
NELKENWURZ
☼ ◐ ❄❄❄ ↕50 cm ↔30 cm

Die schlanken Stengel tragen von Frühjahr bis Sommer über einem Horst aus tiefgeteiltem, behaartem Laub orangerote Blüten mit gelben Staubgefäßen.

Crocosmia masoniorum
MONTBRETIE
☼ ◐ ❄❄ ↕1,2 m ↔60 cm

Horstbildende Knollenpflanze mit schwertförmigen, gefalteten Blättern und im Sommer trichterförmigen, leuchtend orangefarbenen Blüten in Ähren. 🏆

Gaillardia 'Dazzler'
KOKARDENBLUME
☼ ❄❄❄ ↕75 cm ↔45 cm

Die buschige, oft kurzlebige Staude zeigt im Sommer und Herbst große Blüten aus leuchtend orangeroten, an der Spitze gelben Kronblättern; bräunliche Mitte. 🏆

Helenium 'Septemberfuchs'
SONNENBRAUT
☼ ❄❄❄ ↕1,5 m ↔60 cm

Im Spätsommer und Herbst erscheint an aufrechten Stengeln eine Fülle leuchtend orangebrauner, gelb überlaufener Strahlenblüten mit erhabener, brauner Mitte.

Hemerocallis fulva 'Flore Pleno'
TAGLILIE
☼ ◑ ❄❄❄ ↕75 cm ↔1,2 m

Im Sommer tragen die schlanken Stiele trompetenförmige, gefüllte, orange-bräunliche Blüten mit dunkelroter Mitte. Riemenförmiges, elegant geneigtes Laub.

Kniphofia triangularis
ZWERGFACKELLILIE
☼ ❄❄ ↕75 cm ↔45 cm

Spätblühende, zuverlässige Art mit Horsten aus linealischen, grasähnlichen Blättern und korallenroten, schmalen Röhrenblüten an aufrechten Stengeln. 🏆

Lychnis chalcedonica 'Flore Pleno'
BRENNENDE LIEBE
☼ ❄❄❄ ↕1,2 m ↔45 cm

Im Gegensatz zu der Einzelblüten tragenden Art zeigt diese Sorte im Sommer dichte Büschel aus gefüllten, scharlachroten Blüten. Benötigt eine Stütze.

Monarda 'Squaw'
INDIANERNESSEL
☼ ❄❄❄ ↕90 cm ↔45 cm

Im Sommer und Herbst erscheinen an behaarten, horstbildenden Stengeln leuchtendrote Blüten, die Bienen anlocken. Das zerriebene Laub duftet aromatisch.

Potentilla 'Monsieur Rouillard'
FINGERKRAUT
☼ ❄❄❄ ↕45 cm ↔60 cm

Diese Sorte bildet einen dichten Horst aus aufrechten Stielen mit fingerförmigem Laub. Im Sommer öffnen sich gefüllte, blutrote Blüten mit gelber Zeichnung.

Primula 'Inverewe'
ETAGENPRIMEL
☼ ◑ ❄❄❄ ↕↔75 cm

Halbimmergrüne Staude mit Rosette aus lanzettförmigem Laub. Im Sommer an bemehlten Stielen Quirle aus leuchtendroten Blüten. Liebt feuchte Böden. 🏆

WEITERE STAUDEN MIT ROTEN BLÜTEN

Chrysanthemum 'Pennine Signal'
Crocosmia 'Lucifer', s. S. 116
Geum 'Red Wings', s. S. 100
Hemerocallis 'Stafford'
Lilium chalcedonicum
Lobelia 'Will Scarlet'
Papaver orientale 'Beauty of Livermere', s. S. 87
Potentilla 'Flamenco'
Potentilla 'Gibson's Scarlet', s. S. 75

Stauden mit kühlen Blütenfarben

ROSÉ, BLAU UND BLASSGELB sind Farben, die kühl wirken und dem Garten eine zurückhaltende Atmosphäre verleihen. Auch Weiß spielt eine ähnliche Rolle, und wenn man diese gedämpften Farben geschickt einsetzt, kann die Gestaltung besonders im heißen Hochsommer eine beruhigende Wirkung ausüben.

Centaurea pulcherrima
SILBERFLOCKENBLUME
☼ ❄❄❄ ↕ 40 cm ↔ 60 cm

Die schlanken Stengel, die sich über den lanzettförmigen, fiederspaltigen Blättern erheben, tragen im Frühsommer rosarote Blüten mit cremeweißer Mitte.

FRÜHBLÜHENDE STAUDEN MIT HELLEN BLÜTEN

Aquilegia 'Hensol Harebell'
Corydalis flexuosa 'China Blue', s. S. 65
Dicentra spectabilis 'Alba', s. S. 108
Epimedium x *versicolor* 'Sulphureum'
Omphalodes cappadocica 'Cherry Ingram'
Paeonia mlokosewitschii, s. S. 149
Polemonium caeruleum
Pulmonaria 'Mawson's Blue', s. S. 91
Veratrum album, s. S. 85

Agapanthus 'Snowy Owl'
SCHMUCKLILIE
☼ ◐ ❄❄ ↕ 1,2 m ↔ 60 cm

Im Spätsommer tragen die kräftigen Stengel lockere, runde Dolden aus trichterförmigen, reinweißen Blüten. Schmal riemenförmige, grüne Blätter.

Astilbe 'Venus'
PRACHTSPIERE
☼ ◐ ❄❄❄ ↕ 90 cm ↔ 45 cm

Im Frühsommer erheben sich über kräftigen Horsten aus gefiedertem, gezähntem Laub in dichten, fedrigen Rispen winzige, rosa Blüten. Liebt feuchten Boden.

Anchusa azurea 'Loddon Royalist'
ITALIENISCHE OCHSENZUNGE
☼ ❄❄❄ ↕ 90 cm ↔ 60 cm

In stark verzweigten Rispen erscheinen im Frühsommer an aufrechten, rauh behaarten, beblätterten Stengeln kleine, tiefblaue Blüten mit weißer Mitte. 🏆

Campanula persicifolia 'Telham Beauty'
PFIRSICHBLÄTTRIGE GLOCKENBLUME
☼ ◐ ❄❄❄ ↕ 90 cm ↔ 30 cm

Hübsche Sorte einer beliebten, zuverlässigen Bauerngartenpflanze, die in schlanken, aufrechten Trauben länglich glockenförmige, zartblaue Blüten trägt.

Chrysanthemum 'Clara Curtis'
WUCHERBLUME
☼ ❄❄❄ ↕ 75 cm ↔ 60 cm

Von Spätsommer bis Herbst erscheinen über tiefeingeschnittenem, gelapptem und gesägtem Laub duftende, ausdauernde, hellrosa Einzelblüten mit gelber Mitte.

Delphinium 'Blue Bees'
RITTERSPORN
☼ ❄❄❄ ↕1 m ↔45 cm

Die drahtigen Stengel tragen handförmig geteilte Blätter und im Früh- und Spätsommer in lockeren Trauben langgespornte, hellblaue Blüten mit weißem Auge.

Gentiana asclepiadea
SCHWALBENWURZENZIAN
☼ ◐ ❄❄❄ ↕90 cm ↔60 cm

Die lanzettförmigen, frischgrünen Blätter bilden einen dichten Horst. Von Spätsommer bis Herbst erscheinen in den Blattachseln blaß- bis tiefblaue Blüten. 🏆

Iris winogradowii
RETICULATA-IRIS
☼ ❄❄❄ ↕7,5 cm ↔10 cm

Im Frühling zeigen sich über schmalen Blättern zartgelbe Blüten mit blaßgrün gefleckten Hängeblättern. Ideale Art für Gefäßkultur und Steingärten.

Monarda 'Croftway Pink'
INDIANERNESSEL
☼ ◐ ❄❄❄ ↕90 cm ↔60 cm

Die bei Bienen beliebte, aromatische Staude trägt an aufrechten Stengeln gesägte Blätter und im Sommer dichte Quirle aus hellrosa Blüten mit dunklen Brakteen. 🏆

Paeonia 'Sarah Bernhardt'
PFINGSTROSE, PÄONIE
☼ ◐ ❄❄❄ ↕↔90 cm

Die robuste Staude bringt aufrechte, beblätterte Stiele und im Frühsommer sehr große, duftende, gefüllte Blüten in kräftigem Rosarot hervor. Gute Schnittblume. 🏆

Penstemon heterophyllus
'Blue Gem' **BARTFADEN**
☼ ◐ ❄❄ ↕↔40 cm

Immer- oder halbimmergrüne, an der Basis verholzende Pflanze mit lanzettförmigen, glänzenden Blättern und röhrenförmigen, blauvioletten Blüten im Sommer.

SPÄTBLÜHENDE STAUDEN MIT HELLEN BLÜTEN

Agapanthus 'Dorothy Palmer'
Geranium × *oxonianum* 'A.T. Johnson'
Liatris spicata 'Floristan Weiss'
Oenothera stricta 'Sulphurea', s. S. 29
Phlox paniculata 'Fujiyama', s. S. 109
Phygelius × *rectus* 'Moonraker'
Platycodon grandiflorus f. *albus*
Salvia uliginosa
Schizostylis coccinea 'Viscountess Byng ', s. S. 69

Sidalcea 'Elsie Heugh'
PRÄRIEMALVE
☼ ❄❄ ↕90 cm ↔45 cm

Zuverlässige, horstbildende Staude mit handförmig geteiltem, leuchtendgrünem Laub. Im Sommer seidige, ausdauernde, blaßrosa Blüten in aufrechten Trauben.

Stauden mit pastellfarbenen Blüten

MIT BLASSEN, PASTELLIGEN BLÜTENFARBEN lassen sich im Garten die dunkelsten Ecken, die schattigsten Gehölzbereiche aufhellen. Vor dunklem Blattwerk reflektieren diese Blüten das vorhandene Licht und lenken den Blick des Betrachters auch noch in der Abenddämmerung auf Beete und Rabatten.

Anthemis tinctoria 'Sauce Hollandaise'
FÄRBERKAMILLE
☼ ❄❄❄ ↕↔60 cm

Im Sommer erscheinen über viele Wochen an schlanken Stengeln große, blaß zitronengelbe Einzelblüten mit gelber Mitte. Farnähnliches, gefiedertes Laub.

Coreopsis verticillata 'Moonbeam'
NADELBLÄTTRIGES MÄDCHENAUGE
☼ ◑ ❄❄❄ ↕50 cm ↔45 cm

Im Sommer bedecken über Wochen sternförmige, zitronengelbe Blüten die niedrige, buschige Pflanze mit dem fein gefiederten Laub. Ideal für Beetränder.

Dictamnus albus
DIPTAM
☼ ◑ ❄❄❄ ↕90 cm ↔60 cm

Langsamwachsende, horstbildende Pflanze mit gefiederten, aromatischen Blättern. Im Frühsommer in Trauben duftende, sternförmige, weiße Blüten. 🏆

WEITERE STAUDEN MIT PASTELLFARBENEN BLÜTEN

Cephalaria gigantea, s. S. 72
Iris 'Cliffs of Dover'
Kniphofia 'Maid of Orleans'
Leucanthemum x *superbum* 'Wirral Pride', s. S. 79
Oenothera speciosa 'Rosea', s. S. 21
Polygonum bistorta 'Superba'
Polemonium carneum
Potentilla recta var. *pallida*
Ranunculus bulbosus 'F.M. Burton'

Campanula persicifolia 'Chettle Charm'
PFIRSICHBLÄTTRIGE GLOCKENBLUME
☼ ◑ ❄❄❄ ↕90 cm ↔30 cm

Eine der schönsten Sorten der beliebten Staude. Hohe, schlanke Stiele und im Sommer glockenförmige, weiße Blüten mit lila überhauchten Rändern.

Dicentra spectabilis 'Alba'
TRÄNENDES HERZ
◑ ❄❄ ↕60 cm ↔45 cm

Die elegante Staude hat farnartiges, gefiedertes Laub und bringt von Spätfrühling bis Sommer an aufstrebenden Trieben tropfenförmige, weiße Blüten hervor. 🏆

Gaura lindheimeri
PRACHTKERZE
☼ ◑ ❄ ↕1,2 m ↔90 cm

An verzweigten Stengeln erscheinen über schmalen Blättern rosa Knospen, die sich im Spätsommer und Herbst zu sternförmigen, weißen Blüten öffnen. 🏆

Gillenia trifoliata
DREIBLATTSPIERE
☼ ◐ ❄❄❄ ↕ 1 m ↔ 60 cm

An drahtigen, rötlichen Stielen erscheinen geteilte, bronzegrüne Blätter und im Frühling und Sommer zarte, weiße Blüten, deren rote Staubgefäße stehenbleiben.

Phlox paniculata 'Fujiyama'
GROSSER STAUDENPHLOX
☼ ◐ ❄❄❄ ↕ 90 cm ↔ 60 cm

Imposante, dichte Blütenstände aus reinweißen, röhrenförmigen Blüten zeigen sich im Spätsommer an den sehr kräftigen, beblätterten Stengeln. Horstbildend.

Phygelius aequalis 'Yellow Trumpet'
KAFFERNLILIE
☼ ❄❄ ↕ 1 m ↔ 1,2 m

Starkwachsende Pflanze mit Horsten aus vierkantigen, verholzenden, beblätterten Stengeln und hängenden, trompetenförmigen, zartgelben Blüten im Spätsommer.

Kirengeshoma palmata
WACHSGLOCKE
◐ ❄❄❄ ↕ 1,2 m ↔ 75 cm

Hübsche Staude mit dunklen Stengeln und großen, gelappten Blättern. Im Herbst zeigen sich in Trugdolden cremegelbe, schmal glockenförmige Blüten.

Kniphofia 'Little Maid'
FACKELLILIE
☼ ◐ ❄❄ 60 cm ↔ 45 cm

Im Herbst erheben sich über den Horsten aus grasähnlichen Blättern lange, aufrechte Kolben, die dicht mit röhrenförmigen, cremegelben Blüten besetzt sind.

Trollius x *cultorum* 'Alabaster'
TROLLBLUME
☼ ◐ ❄❄❄ ↕ 60 cm ↔ 40 cm

Die hübschen, rundlichen, blaß primelgelben Blüten erheben sich von Spätfrühling bis Sommer an langen, schlanken Stengeln über dem geteilten, glänzenden Laub.

Stauden mit duftenden Blüten

DIE BEEINDRUCKENDSTEN, AUFFALLENDSTEN BLÜTEN haben leider oftmals keinen Duft zu bieten. Meist sind es die unscheinbareren, kleineren Blüten oder große, weiße bzw. blaßgefärbte Blüten die einen betörenden Duft verströmen, viele besonders gegen Abend, wenn sich die nachtaktiven Insekten an die Arbeit machen.

Dianthus 'Doris'
NELKE
☼ ❄❄❄ ↕↔ 40 cm

Gefüllte, blaßrosa Sorte mit dunkelrosa Mitte und blaugrauem, immergrünem, linealischem Laub. Blüht zuverlässig im Sommer und Frühherbst. 🏆

Hemerocallis 'Marion Vaughn'
TAGLILIE
☼ ◐ ❄❄❄ ↕ 85 cm ↔ 75 cm

Im Sommer erscheinen an aufrechten Stengeln über halbimmergrünen, riemenförmigen Blättern starkduftende, trichterförmige, zitronengelbe Blüten. 🏆

Iris graminea
PFLAUMENIRIS
☼ ◐ ❄❄❄ ↕ 40 cm ↔ 30 cm

Im Spätfrühling und Frühsommer verströmen die kleinen, purpurvioletten Blüten dieser horstbildenden Staude einen fruchtigen Duft nach heißen Pflaumen.

STAUDEN MIT DUFTENDEN WINTER- ODER FRÜHLINGSBLÜTEN

Convallaria majalis
Crocus laevigatus
Erysimum cheiri 'Harpur Crewe'
Galanthus 'Brenda Troyle'
Galanthus 'S. Arnott'
Hyacinthoides non-scripta
Iris unguicularis
Narcissus jonquilla
Narcissus × *odorus* 'Rugulosus'
Petasites fragrans
Viola odorata

Erysimum cheiri 'Blood Red'
SCHÖTERICH, GOLDLACK
☼ ❄❄❄ ↕ 80 cm ↔ 40 cm

Der Duft dieser kurzlebigen, doch reich blühenden Pflanze erfreut im Frühjahr, wenn die blutroten Blüten erscheinen. In vielen anderen Farben erhältlich.

Hosta 'Honeybells'
FUNKIE, HERZBLATTLILIE
◐ ● ❄❄❄ ↕ 75 cm ↔ 1,2 m

Staude, die große Horste aus attraktiven, herzförmigen Blättern mit gewellten Rändern bildet. Im Spätsommer duftende, weiße oder blaßblaue Blüten. 🏆

Lilium regale
KÖNIGSLILIE
☼ ❄❄❄ ↕ 1,5 m ↔ 40 cm

Eine der am intensivsten duftenden Lilien; ein Muß für sonnige Gärten. Im Sommer erscheinen an kräftigen Stengeln jeweils mehrere weiße, rosa überlaufene Blüten. 🏆

Narcissus poeticus var. *recurvus*
DICHTERNARZISSE
☼ ◑ ❄❄❄ ↕ 35 cm ↔ 30 cm

Wunderschöne weiße Blüten mit gelben, rot gerandeten Trompeten erheben sich im Spätfrühling über den schmal riemenförmigen Blättern. Bildet mit der Zeit Gruppen. 🏆

Nicotiana sylvestris
BERGTABAK
☼ ◑ ❄ ↕ 1,5 m ↔ 60 cm

Die kräftigen Stengel tragen große Blätter und den ganzen Sommer hindurch lang röhrenförmige, weiße, duftende Blüten. In kälteren Regionen nur zweijährig. 🏆

STAUDEN MIT DUFTENDEN SOMMERBLÜTEN

Cosmos atrosanguineus
Dianthus 'Lavender Clove'
Hemerocallis lilioasphodelus
Hesperis matronalis
Hosta plantaginea var. *grandiflora*
Hosta 'Summer Fragrance'
Lilium candidum
Paeonia 'Festiva Maxima'
Phlox maculata 'Omega'
Primula florindae

Phlox maculata 'Alpha'
WIESENPHLOX
☼ ◑ ❄❄❄ ↕ 90 cm ↔ 60 cm

Eleganter als die Beetform, trägt dieser Phlox im Sommer an aufrechten, beblätterten Stengeln lange Blütenstände aus duftenden, dunkelrosa Blüten. Horstbildend. 🏆

Primula auricula var. *albocincta*
ALPENAURIKEL
☼ ◑ ❄❄❄ ↕ ↔ 20 cm

Die für Steingärten und Pflanzgefäße geeignete, hübsche Staude trägt im Frühjahr über immergrünen Blattrosetten duftende, gelbe Blüten mit weißem Auge.

Tulbaghia violacea
☼ ❄ ↕ 50 cm ↔ 25 cm

An schmalen Stengeln erscheinen im Sommer und Frühherbst in endständigen Büscheln duftende, sternförmige, rosalila Blüten. Bevorzugt warme, sonnige Lagen.

Verbena corymbosa 'Gravetye'
VERBENE
☼ ❄❄ ↕ 90 cm ↔ 60 cm

Die attraktive Staude bringt den ganzen Sommer hindurch dichte Dolden aus kleinen, süßlich duftenden, purpurrosa Blüten mit weißem Auge hervor.

BLATTSCHMUCK

WÄHREND DIE MEISTEN STAUDEN nur recht kurz blühen, sorgt Blattschmuck im Garten über lange Zeit für Effekte und Atmosphäre. Stauden mit kontrastierenden Blattformen und -farben beleben Rabatten und Beete und wirken oftmals auch als Solitärpflanzen.

Hosta 'Big Daddy' mit großen Blättern

Blattschmuck ist im Garten ein langfristiger Blickfang und fungiert sowohl als Kulisse für die Blütenpracht wie auch als Gerüst der Gestaltung. Die in diesem Kapitel vorgestellten Pflanzen bieten eine breite Palette an Blattformen, -farben und -anordnungen, mit denen sich ganz besondere Effekte schaffen lassen. Großblättrige Stauden wie der Zierrhabarber (*Rheum*) kommen auch in Einzelstellung hervorragend zur Geltung und verleihen Rabatten eine klare Struktur. Viele Blattstauden gedeihen darüber hinaus ausgezeichnet in Pflanzgefäßen. Attraktiv gefärbtes Laub zeigt sich oft im Herbst, aber darüber sollte man nicht vergessen, daß zahlreiche Stauden auch im restlichen Jahr durch hübsch marmoriertes bzw. panaschiertes Laub bestechen. Sie eignen sich zur Aufheiterung eintöniger Rabatten und schattiger Plätze, wo andere Pflanzen wegen Sonnenmangels oft nicht zur Blüte kommen. Im Winter, wenn das Laub der meisten anderen Stauden eingezogen ist, beleben immer- oder wintergrüne Pflanzen wie Bergenien und winterharte Farne das Gartenbild.

△ SCHÖNER KONTRAST *Das gefiederte Laub des Tränenden Herzes neben den ungeteilten Blättern der Taubnessel.*

◁ EFFEKTE IM KÜBEL *Die gelb gestreifte* Hakonechloa, *die bläuliche* Acaena *und die hohe* Imperata *bilden Gegensätze.*

LAUBCHARAKTERISTIKA

Die Anordnung der Blätter, ihre Form und Farbe sind wichtige Elemente, die man bei der Gartengestaltung unbedingt berücksichtigen sollte.

DIE ANORDNUNG *der Blätter ist ein wichtiges, charakteristisches Pflanzenmerkmal und sorgt für Struktur im Garten.*

GRÖSSE UND FORM *können Kontraste schaffen. Gesägtes, gefiedertes oder stacheliges Laub wirkt ganz unterschiedlich.*

FARBE *kann für einen ruhigen, dunklen Hintergrund oder, im Gegenteil, für Aufheiterung schattiger, trister Ecken sorgen.*

▷ GROSSE BLATTWIRKUNG *Großblättrige Stauden kommen in breiten Rabatten zur Geltung und sind gute Solitärpflanzen.*

Stauden mit immer- oder wintergrünem Laub

IM WINTER ist das Laub der meisten krautigen Stauden eingezogen und bildet keinen Blickfang mehr, viele Gärten wirken trist und kahl. Vor allem in dieser kargen Jahreszeit sind wir für immergrüne Pflanzen oder solche mit wintergrünem Blattwerk dankbar, denn auch ohne Blüten bringen sie Farbe und Spannung in den Garten.

Asarum europaeum
HASELWURZ
◐ ● ❄❄❄ ↕ 8 cm ↔ 30 cm

Ausgezeichneter Bodendecker, der rund ums Jahr gut aussieht. Im Spätfrühjahr erscheinen unter den nierenförmigen, glänzenden Blättern winzige Blüten.

Helleborus argutifolius
KORSISCHE NIESWURZ
☼ ◐ ❄❄❄ ↕↔ 90 cm

Das ganze Jahr über ansehnliche Pflanze mit blaßgrünen, überwinternden Stengeln und netznervigen, spitz gezähnten Blättern. Apfelgrüne Blüten im Winter. 🏆

Kniphofia caulescens
FACKELLILIE
☼ ◐ ❄❄ ↕ 1,2 m ↔ 90 cm

Imposante Pflanze mit großen Horsten aus linealischen, fein gesägten, blaugrünen Blättern. Im Spätsommer korallenroter Blütenkolben, der sich gelb verfärbt. 🏆

Bergenia cordifolia 'Purpurea'
BERGENIE, LÖFFELBLATT
☼ ◐ ❄❄❄ ↕ 60 cm ↔ 75 cm

Die ledrigen, rundlichen, sattgrünen Blätter bilden ein niedriges Büschel und färben sich im Herbst und Winter rot. Magentarote Blüten im zeitigen Frühjahr. 🏆

Iris foetidissima 'Variegata'
BARTLOSE IRIS
☼ ◐ ❄❄❄ ↕↔ 60 cm

Besonders attraktive Sorte, deren immergrüne, riemenförmige Blätter einen breiten weißen Rand besitzen. Den Blüten folgen orangefarbene Samenkapseln.

Phormium cookianum ssp. *hookeri* 'Tricolor' **NEUSEELÄNDER FLACHS**
☼ ❄❄ ↕↔ 2 m

Mit dem Horst aus gebogenen, ledrigen, glänzend grünen Blättern mit cremegelbroter Randzeichnung eine der farbenfrohesten immergrünen Stauden. 🏆

Polypodium vulgare 'Cornubiense'
ENGELSÜSS
☼ ◐ ❄❄❄ ↕↔40 cm

Die fein gefiederten, sattgrünen Wedel dieses wüchsigen, kriechenden Farns dienen als exzellenter Bodendecker. Auch für Gefäße, Steingärten und Mauern geeignet.

Pulmonaria saccharata 'Leopard'
SPANISCHES LUNGENKRAUT
◐ ● ❄❄❄ ↕30 cm ↔60 cm

Attraktive wintergrüne Staude mit fein behaarten, silbrig gefleckten Blättern; guter Bodendecker. Von Winter bis Frühling erscheinen rotviolette Blüten.

Tellima grandiflora
FALSCHE ALRAUNWURZEL
◐ ❄❄❄ ↕80 cm ↔30 cm

Breitwüchsige Horstpflanze mit langstieligen, herzförmigen, gelappten, wintergrünen Blättern. Lockere Trauben mit grünlichweißen Blüten im Frühjahr.

WEITERE IMMER- ODER WINTERGRÜNE STAUDEN

Astelia chathamica
Bergenia 'Bressingham Ruby'
Epimedium pinnatum ssp. *colchicum*, s. S. 46
Galax urceolata
Helleborus foetidus 'Wester Flisk', s. S. 99
Iris japonica
Liriope muscari 'Variegata'
Phlomis russeliana
Phormium tenax, s. S. 117
Polystichum munitum, s. S. 140
Polystichum setiferum, Divisilobum-Gruppe
Reineckia carnea
Santolina chamaecyparissus
Shibataea kumasasa
Yucca filamentosa

Vinca minor 'Argenteovariegata'
IMMERGRÜN
☼ ◐ ❄❄❄ ↕15 cm ↔unbestimmt

Guter Bodendecker mit attraktiven, cremeweiß gerandeten Blättern. Im Frühling und Herbst öffnen sich an langen Stengeln blaß violettblaue Blüten.

Stauden mit riemen- oder schwertförmigem Laub

HORSTBILDENDE STAUDEN mit langen, schmalen Blättern sind immer ein besonderer Blickfang. Ganz gleich, ob die Blätter steif und aufrecht stehen oder anmutig geschwungen sind, bilden sie einen interessanten Kontrast zu den eher gewöhnlich beblätterten Stauden in Beeten und Rabatten und eignen sich meist auch als Solitärpflanzen.

Arundo donax 'Macrophylla'
RIESENSCHILF
☼ ❄ ↕ 5 m ↔ 2 m

Das übermannshohe, immergrüne Gras besitzt lange, gebogene Blätter und im Sommer fedrige, aufrechte Blütenrispen. Liebt warmen, geschützten Standort.

Eryngium agavifolium
EDELDISTEL
☼ ❄❄ ↕ 1,2 m ↔ 60 cm

Die scharfgezähnten, glänzenden, immergrünen Blätter bilden einen aufrechten Horst, über dem sich im Sommer an kräftigen Stengeln weiße Blüten öffnen.

Iris pseudacorus 'Variegata'
SUMPFSCHWERTLILIE
☼ ◑ ❄❄❄ ↕↔ 1,2 m

Kräftige Pflanze für feuchte Standorte. Zahlreiche lange, leuchtendgrüne Blätter mit weißem oder cremegelbem Rand. Im Sommer erscheinen gelbe Blüten.

IMMERGRÜNE STAUDEN MIT SCHMALEN BLÄTTERN

Beschorneria yuccoides
Crocosmia paniculata
Dianella tasmanica
Eryngium eburneum, s. S. 22
Eryngium pandanifolium
Iris confusa
Iris foetidissima
Watsonia pillansii
Yucca filamentosa
Yucca recurvifolia

Crocosmia 'Lucifer'
MONTBRETIE
☼ ◑ ❄❄ ↕ 1,2 m ↔ 45 cm

Farbprächtige Staude mit Horsten aus robusten, schwertförmigen Blättern. Die geneigten Ähren mit leuchtendroten Blüten im Spätsommer eignen sich zum Schnitt.

Hemerocallis 'Gentle Shepherd'
TAGLILIE
☼ ◑ ❄❄❄ ↕ 65 cm ↔ 1,2 m

Im Sommer erscheinen über dem Horst aus halbimmergrünen, linealischen, geneigten Blättern weitgeöffnete, elfenbeinfarbene Blüten mit grünem Schlund.

Iris sibirica 'Perry's Blue'
SCHWERTLILIE
☼ ◑ ❄❄❄ ↕ 1,2 m ↔ 1 m

Im Sommer zeigen sich über den schmalen, grasähnlichen Blättern an steif aufrechten Stengeln blauviolette Blüten. Im Winter attraktive Samenkapseln.

Kniphofia 'Wrexham Buttercup'
FACKELLILIE
☼ ❄❄ ↕ 1,2 m ↔ 60 cm

Die langen, schmalen, bogig aufstrebenden Blätter dieser Staude bilden einen dichten Horst. Im Sommer an kräftigen, aufrechten Kolben gelbe Röhrenblüten.

Polygonum macrophyllum
ÄHRENKNÖTERICH
☼ ◑ ❄❄❄ ↕↔ 30 cm

Halbimmergrüne Staude mit lanzettförmigen, auffallend geäderten Blättern. Im Sommer und Herbst erscheinen dichte Ähren mit rosa bis roten Blüten.

Phormium tenax
NEUSEELÄNDER FLACHS
☼ ❄❄ ↕ 4 m ↔ 2 m

Wenige Stauden übertreffen die Wirkung dieser Pflanze mit ihren schwertförmigen, immergrünen Blättern und den dunkelroten Blütenständen im Sommer.

Sisyrinchium striatum 'Aunt May'
GELBE BINSENLILIE
☼ ❄❄❄ ↕ 50 cm ↔ 30 cm

Die Pflanze besticht durch ihre in Fächern stehenden, schwertförmigen, graugrünen Blätter mit breiten, cremegelben Streifen. Blaßgelbe Blüten im Sommer.

Yucca flaccida
PALMLILIE
☼ ❄❄ ↕ 55 cm ↔ 1,5 m

Zuverlässige, immergrüne Pflanze mit Rosette aus schmalen, dunkelblaugrünen Blättern mit ausfransenden Randfasern. Im Sommer hohe, cremefabene Blütenstände.

KRAUTIGE STAUDEN MIT SCHMALEN BLÄTTERN

Agapanthus 'Blue Giant', s. S. 84
Asphodelus albus
Bletilla striata
Crinum x *powellii*, s. S. 40
Crocosmia 'Emily McKenzie'
Gladiolus communis ssp. *byzantinus*, s. S. 33
Hemerocallis fulva 'Europa'
Iris 'Shelford Giant'
Kniphofia 'Royal Standard'
Moraea spathulata
Nerine bowdenii

Stauden mit tiefgeteiltem Laub oder schönen Blatträndern

STAUDEN mit geteilten oder gefiederten, gesägten oder gezähnten Blättern werden immer häufiger als Kontrast zu Pflanzen mit ungeteilten, ganzrandigen Blättern eingesetzt. Viele dieser außerordentlich dekorativen Stauden bestechen außerdem durch attraktive Blüten.

Astilbe 'Bronze Elegans'
PRACHTSPIERE
☼ ◐ ❄❄❄ ↕ 30 cm ↔ 25 cm

Eine der kleinsten Prachtspieren mit gefiederten, glänzenden, dunkelgrünen Blättern. Im Spätsommer erscheinen rosarötliche Blüten in zarten Rispen. 🏆

Incarvillea delavayi
FREILANDGLOXINIE
☼ ◐ ❄❄ ↕ 60 cm ↔ 30 cm

Die Pflanze besticht sowohl durch ihr gefiedertes, dunkelgrünes Laub als auch durch die im Sommer erscheinenden trompetenförmigen Blüten in Rosa.

Cimicifuga simplex, Atropurpurea-Gruppe **OKTOBERSILBERKERZE**
◐ ❄❄❄ ↕ 1,2 m ↔ 60 cm

Im Herbst erscheinen über dem gefiederten, gesägten und purpur überlaufenen Laub an dunklen Stengeln lange Trauben mit winzigen, weißen Blüten.

Ligularia przewalskii
KERZENLIGULARIE
☼ ◐ ❄❄❄ ↕ 2 m ↔ 1 m

Diese einfach zu erkennende, robuste Staude besitzt einen lockeren Horst aus handförmig geteilten, tief gebuchteten Blättern. Gelbe Blütenähren im Sommer.

Rodgersia henrici
SCHAUBLATT
☼ ◐ ❄❄❄ ↕↔ 1 m

Alle Schaublatt-Arten haben attraktives Laub, aber diese ist mit ihren kastanienähnlichen Blättern und den weißen Blütenrispen im Sommer besonders schön.

Senecio tanguticus
KREUZKRAUT
☼ ◐ ❄❄❄ ↕ 1,2 m ↔ unbestimmt

Der kriechende Wurzelstock bringt kräftige, dunkle Stengel und gesägtes Laub hervor. Im Herbst erscheinen kegelförmige, gelbe Blütenstände. Wuchernd.

WEITERE STAUDEN MIT GETEILTEM LAUB BZW. SCHÖNEN BLATTRÄNDERN

Acanthus spinosus
Aconitum japonicum
Astrantia major 'Shaggy', s. S. 100
Kirengeshoma palmata, s. S. 109
Ligularia japonica
Podophyllum peltatum
Rheum palmatum var. *tanguticum*, s. S. 123
Rodgersia pinnata, s. S. 61
Rodgersia podophylla, s. S. 133

Stauden mit farnartigem Laub

DIE BLÄTTER MANCHER STAUDEN sind so fein geteilt oder gefiedert, daß sie farnartig wirken. Besondere Spannung entsteht in Verbindung mit feurigen Blütenfarben und anders geformtem Laub. Viele dieser filigran wirkenden Stauden eignen sich an einem besonderen Ort im Garten als Solitärpflanzen und bestechen auch in Pflanzgefäßen.

Adiantum pedatum
FRAUENHAARFARN
↕↔ 40 cm

Mit der Zeit wird dieser hübsche, winterharte Farn an einem feuchten Standort einen dichten Horst aus schlanken, gefiederten Wedeln mit glänzenden Stengeln bilden.

Corydalis cheilanthifolia
LERCHENSPORN
↕ 30 cm ↔ 25 cm

Diese Art besticht durch fein gefiederte, orange überhauchte Blätter und im Frühsommer durch schlanke Trauben mit tiefgelben Blüten. Versät sich.

Meum athamanticum
BÄRWURZ
↕ 45 cm ↔ 30 cm

Wie der Fenchel und die Möhre ein Vertreter der Doldenblütler, und ähnlich ist auch das Laub: fein gefiedert und aromatisch. Weiße Blüten im Sommer.

WEITERE STAUDEN MIT FARNARTIGEM LAUB

Achillea millefolium 'Cerise Queen'
Adiantum venustum
Adonis vernalis, s. S. 98
Argyranthemum gracile 'Chelsea Girl'
Artemisia alba 'Canescens'
Equisetum sylvaticum
Paesia scaberula
Polystichum setiferum, Plumosodivisilobum-Gruppe
Pulsatilla vulgaris

Aruncus aethusifolius
GEISSBART
↕ 25 cm ↔ 40 cm

Lohnende Pflanze, die kleine Tuffs aus gefiederten, frischgrünen Blättern bildet, die sich im Herbst gelborange verfärben. Weiße Blütenrispen im Sommer.

Foeniculum vulgare 'Purpureum'
SCHMUCKFENCHEL
↕ 1,8 m ↔ 45 cm

Die aromatische Staude besitzt fein gefiedertes Laub, das in jungem Alter purpur überlaufen, später blaugrün ist. Flache, gelbe Blütendolden im Sommer.

Onychium japonicum
KLAUENFARN
↕ 50 cm ↔ 30 cm

Eleganter Farn mit einem Horst aus fein gefiederten, leuchtendgrünen Wedeln an schlanken, drahtigen Stengeln. Manche Formen sind weniger winterhart.

Stauden mit stacheligem Laub

MANCHE GÄRTNER lieben die Wirkung stachelbewehrter Blätter, die oft sehr dekorativ aussehen. Diese Stauden strukturieren Beete und wirken auch in Einzelstellung. Viele eignen sich für trockene Lagen, da sich diese Pflanzen im Laufe der Evolution ausbildeten, um den Wasserverlust durch Verdunstung zu mindern.

Acanthus spinosus, Spinosissimus-Gruppe **STACHELAKANTHUS**

☼ ◐ ❄❄❄ ↕ 1,2 m ↔ 60 cm

Die langen, glänzenden, grünen bis graugrünen Blätter besitzen weiße Mittelrippen und stachelig gezähnte Ränder. Im Frühling und Sommer weiße Blüten.

Aciphylla aurea
SPERRGRAS

☼ ❄❄ ↕↔ 1 m

Langsamwachsende, immergrüne Pflanze, die eine imposante Rosette aus steifen, graugrünen Blättern mit stacheliger Spitze und goldgelber Mittelrippe bildet.

Eryngium maritimum
STRANDDISTEL

☼ ❄❄❄ ↕↔ 30 cm

Die im Mittelmeerraum in sandigen oder steinigen Gebieten vorkommende Distel hat stachelige, ledrige, bläulichgrüne Blätter. Blaßblaue Blüten im Sommer.

Eryngium variifolium
EDELDISTEL

☼ ❄❄ ↕ 35 cm ↔ 25 cm

Attraktive Immergrüne, die Rosetten aus rundlichen, silbrig geäderten, dornig gezähnten Blättern bildet. Im Sommer graublaue Blüten mit stacheligen Hochblättern.

WEITERE STAUDEN MIT STACHELIGEM LAUB

Aciphylla colensoi
Berkheya macrocephala
Cirsium japonicum
Cirsium rivulare 'Atropurpureum'
Echinops sphaerocephalus
Eryngium proteiflorum
Festuca punctoria
Juncus acutus
Puya alpestris, s. S. 41
Yucca gloriosa, s. S. 31

Puya chilensis

☼ ❄❄ ↕ 4 m ↔ 2 m

Nach mehreren Jahren zeigt sich über der mächtigen Rosette aus schmalen, ledrigen, immergrünen, scharfgezähnten Blättern ein hoher, grüngelber Blütenstand.

Stauden mit aromatischem Laub

DÜFTE SIND IM GARTEN ganz besonders beliebt und werden gewöhnlich mit Blüten in Verbindung gebracht. Aber auch die Blätter der meisten Stauden verströmen zumindest einen zarten Duft, manche riechen sogar sehr intensiv. Oft entfaltet der Geruch sich schon, wenn man die Pflanze nur im Vorübergehen streift.

Agastache foeniculum 'Alabaster'

☼ ❄❄❄ ↕ 90 cm ↔ 30 cm

Die flaumig behaarten, nach Anis duftenden Blätter umgeben aufrechte Stengel. Von der Sommermitte bis Herbst Ähren mit zweilippigen, weißen Blüten.

Helichrysum italicum
STROHBLUME

☼ ❄❄ ↕ 60 cm ↔ 90 cm

Die aromatischen, immergrünen, schmalen, silbrig filzigen Blätter umgeben die wollig behaarten Stengel dieses Halbstrauchs. Sattgelbe Blüten im Sommer. 🏆

Nepeta 'Six Hills Giant'
KATZENMINZE

☼ ◑ ❄❄❄ ↕ 90 cm ↔ 60 cm

Die horstbildende Staude hat aromatische, hellgräulichgrüne Blätter; diese Sorte trägt im Sommer violette Blütenähren. Bei Katzen sehr beliebt.

WEITERE STAUDEN MIT AROMATISCHEM LAUB

Acorus calamus 'Variegatus'
Foeniculum vulgare 'Purpureum', s. S. 119
Helichrysum italicum ssp. *serotinum*
Ipheion uniflorum 'Wisley Blue'
Melittis melissophyllum, s. S. 73
Mentha × gracilis 'Variegata'
Mentha × piperita f. *citrata*
Mentha suaveolens 'Variegata'
Myrrhis odorata, s. S. 49
Origanum vulgare
Perovskia 'Blue Spire', s. S. 23

Chamaemelum nobile 'Flore Pleno'
RÖMISCHE KAMILLE

☼ ❄❄❄ ↕ 30 cm ↔ 45 cm

Die kleine, kriechende, aromatische Staude bildet dichte Matten aus fein gefiederten Blättern. Im Sommer langstielige, gefüllte, weiße Einzelblüten.

Melissa officinalis
ZITRONENMELISSE

☼ ◑ ❄❄❄ ↕ 1 m ↔ 60 cm

Wenn man die Blätter dieser buschigen Staude zerreibt, verströmen sie einen intensiv zitronigen Duft. Im Sommer zartgelbe Blüten, die zu Weiß verblassen.

Salvia officinalis 'Icterina'
GARTENSALBEI

☼ ❄❄ ↕↔ 30 cm

Panaschierte Sorte des bekannten Küchenkrauts, das ein verholzendes Polster aus aromatischen, immergrünen, wollig behaarten Blättern in Gelb-Grün bildet. 🏆

Stauden mit großen Blättern

Stauden mit ausladendem Blattwerk wie etwa Funkien und Zierrhabarber verleihen dem Garten oft die eindrucksvollsten Blickfänge. Wenn Platz keine Rolle spielt, kann man diese interessanten Blattschmuckstauden in Gruppen kultivieren, während sie sich in kleineren Gärten auch gekonnt in Einzelstellung präsentieren lassen.

Krautige Stauden mit grossen Blättern

Darmera peltata, s. S. 60
Filipendula kamtschatica
Gunnera manicata
Hedychium gardnerianum, s. S. 41
Hosta sieboldiana
Inula magnifica
Petasites japonicus var. *giganteus*
Rodgersia aesculifolia, s. S. 19
Silphium terebinthinaceum
Veratrum album, s. S. 85

Aralia cachemirica

☼ ◐ ❄❄❄ ↕3 m ↔2 m

An einem günstigen Standort bildet diese Staude einen üppigen Horst aus großen, überhängenden Blättern. Blütenrispen im Sommer, danach schwarze Beeren.

Dicksonia antarctica
Baumfarn

◐ ● ❄ ↕6 m ↔4 m

Majestätischer, immergrüner Farn, der einen stammartigen Trieb bildet, an dem zahlreiche Wurzeln und ein Tuff aus gebogenen, gefiederten Wedeln erscheinen. 🏆

Astilboides tabularis
Schaublatt

◐ ❄❄❄ ↕1,5 m ↔1,2 m

Im Sommer zeigen sich über den ausladenden Horsten aus langstieligen, rundlichen, gelappten Blättern schlanke, cremefarbene Blütenrispen.

Immergrüne Stauden mit grossen Blättern

Beschorneria yuccoides
Geranium maderense
Helleborus argutifolius, s. S. 114
Indocalamus tessellatus
Phormium cookianum ssp. *hookeri* 'Tricolor', s. S. 114
Phormium tenax, s. S. 117
Wachendorfia thyrsiflora
Woodwardia unigemmata
Yucca gloriosa, s. S. 31

Filipendula purpurea
Mädesüss

☼ ◐ ❄❄❄ ↕1,2 m ↔60 cm

An purpurnen Stengeln erscheinen große, handförmig geteilte und gesägte Blätter und im Sommer in dichten, verzweigten Trugdolden purpurrote Blüten. 🏆

Geranium palmatum
STORCHSCHNABEL
☼ ◑ ❄❄❄ ↕↔ 1 m

Im Sommer zeigen sich über den großen Rosetten aus langstieligem, gefiedertem, gesägtem, immergrünem Laub purpurrosa Blüten. 🏆

Rheum palmatum var. *tanguticum*
ZIERRHABARBER
☼ ◑ ❄❄❄ ↕ 2,5 m ↔ 1,8 m

Die imposante Staude besitzt riesige, tief spitzlappig eingeschnittene Blätter, die in jungem Alter rot schimmern. Weiße, rote oder rosa Blüten im Sommer.

Telekia speciosa

◑ ❄❄❄ ↕ 2 m ↔ 1,2 m

Die kräftige, robuste Staude besitzt verzweigte Stengel, herzförmige Blätter und trägt im Spätsommer und Herbst gelbe Einzelblüten mit brauner Mitte.

Hosta 'Big Daddy'
FUNKIE, HERZBLATTLILIE
◑ ◑ ❄❄❄ ↕ 60 cm ↔ 1 m

Diese Funkie besitzt einen dichten Horst aus großen, rundlichen bis herzförmigen, geäderten, leicht behaarten Blättern in Blaugrau. Gräuliche Blüten im Sommer.

Rheum 'Ace of Hearts'
ZIERRHABARBER
☼ ◑ ❄❄❄ ↕ 1,2 m ↔ 90 cm

Über den Horsten aus herzförmigen, rot geäderten Blättern mit purpurner Unterseite zeigen sich im Sommer in aufrechten Rispen rosaweißliche Blüten.

Symplocarpus foetidus
STINKKOHL
☼ ◑ ❄❄❄ ↕↔ 60 cm

Im Frühjahr erscheinen eigenartige, helmähnliche Blüten in Purpur, die von einem üppigen Horst aus großen, ledrigen Blättern gefolgt werden. Feuchter Boden.

Veratrum viride
GERMER
☼ ◑ ❄❄❄ ↕ 2 m ↔ 60 cm

Die im Frühjahr erscheinenden Horste aus längs gefalteten, sattgrünen Blättern sind weitaus attraktiver als die hohen, gelblichgrünen Blütenstände im Sommer.

Stauden mit gelb oder golden panaschiertem Laub

PANASCHIERTE STAUDEN und Ziergräser mit gelb oder golden überlaufenen oder gefleckten Blättern sind besonders beliebt, weil sie Wärme und Licht in Gartenbereiche bringen, die von dunklem Laub beherrscht werden. Viele dieser Pflanzen eignen sich als Solitäre, für Gefäßkultur oder schmale Rabatten.

Aquilegia vulgaris, Vervaeneana-Gruppe
GEWÖHNLICHE AKELEI
☼ ◐ ❄❄❄ ↕ 90 cm ↔ 45 cm

Diese Form der bewährten Bauerngartenstaude besitzt hübsch geteilte, zartgelb marmorierte Blätter. Im Frühling und Sommer weiße, rosa oder rote Blüten.

Convallaria majalis 'Hardwick Hall'
MAIGLÖCKCHEN
☼ ❄❄❄ ↕ 23 cm ↔ 30 cm

Schöne Sorte des beliebten Maiglöckchens, das langsam Gruppen aus aufrechten Stengeln mit geäderten, sattgrünen, gelb gerandeten Blattpaaren bildet.

Hakonechloa macra 'Aureola'
☼ ◐ ❄❄❄ ↕ 35 cm ↔ 40 cm

Niedrige Polster bildendes Ziergras mit gelblichen, grün gestreiften Blättern. Im Herbst erscheinen winzige Blütenähren und rote Laubfärbung. 🏆

WEITERE GELB ODER GOLDEN PANASCHIERTE STAUDEN

Hosta 'Great Expectations'
Hosta 'Kabitan'
Hosta montana 'Aureomarginata', s. S. 145
Hosta ventricosa 'Aureomaculata'
Mentha x *gracilis* 'Variegata'
Phormium 'Yellow Wave'
Polygonatum odoratum 'Gilt Edge'
Salvia officinalis 'Aurea'
Saxifraga x *urbium* 'Aureopunctata'

Carex hachijoensis 'Evergold'
SEGGE
☼ ◐ ❄❄❄ ↕ 30 cm ↔ 35 cm

Das niedrige, immergrüne Ziergras bildet einen dichten Schopf aus geneigten, grasähnlichen, dunkelgrünen Blättern mit einem cremegelben Streifen in der Mitte. 🏆

Cortaderia selloana 'Aureolineata'
PAMPASGRAS
☼ ❄❄ ↕ 2,2 m ↔ 1,5 m

Sorte der bekannten, immergrünen Art mit üppigen Horsten aus gebogenen, gelb gerandeten Blättern und hohen, fedrigen Blütenrispen im Sommer. 🏆

Hosta 'Gold Standard'
FUNKIE, HERZBLATTLILIE
◐ ❄❄❄ ↕ 65 cm ↔ 1 m

Die dekorative Blattschmuckstaude bildet Horste aus herzförmigen, grünlichgelben Blättern mit grünen Rändern. Im Sommer lavendelblaue Blüten.

Hosta ventricosa 'Variegata'
FUNKIE, HERZBLATTLILIE
◐ ❄❄❄ ↕50 cm ↔1 m

Horstbildende Blattschmuckstaude mit herzförmigen, tief geäderten Blättern, deren unregelmäßige, gelbe Randzeichnung im Alter cremeweiß wird. Purpurne Blüten. 🏆

Iris pallida 'Variegata'
BARTIRIS
☼ ❄❄❄ ↕1,2 m ↔60 cm

Kräftige Horste aus schwertförmigen, graugrünen oder grünen Blättern mit auffallenden hellgelben Streifen. Im Spätfrühling duftende, blaßblaue Blüten.

Miscanthus sinensis 'Zebrinus'
CHINASCHILF
☼ ❄❄ ↕↔1,2 m

Ziergras, besonders schön in Einzelstellung. Große Horste aus schlanken, rohrartigen Stengeln mit langen, schmalen Blättern mit weißem oder gelbem Längsstreifen.

Symphytum 'Goldsmith'
BEINWELL
☼ ◐ ❄❄❄ ↕↔30 cm

Die als Bodendecker geeignete, frühlingsblühende Kriechpflanze bildet große Tuffs aus behaarten, unregelmäßig golden oder cremefarben gerandeten Blättern.

Tolmiea menziesii 'Taff's Gold'
HENNE UND KÜKEN
◐ ● ❄❄ ↕50 cm ↔60 cm

Die breitwüchsige Staude bildet Matten aus halbimmergrünen, gelappten, behaarten Blättern in Blaßgrün mit cremeweißen und blaßgelben Flecken. 🏆

Trifolium pratense 'Susan Smith'
WIESENKLEE, ROTKLEE
☼ ❄❄❄ ↕15 cm ↔45 cm

Das typisch geformte Laub dieser mattenbildenden Staude ist in kleine Blätter geteilt, die von hübschen goldgelben Adern geziert werden.

Yucca flaccida 'Golden Sword'
PALMLILIE
☼ ❄❄ ↕1,5 m ↔1 m

Die horstbildende Immergrüne besitzt einen Schopf aus steifen, schwertförmigen Blättern mit breitem, gelbem Längsstreifen. Weiße Blütenstände im Sommer. 🏆

WEITERE GELB GESTREIFTE GRÄSER

Alopecurus pratensis 'Aureovariegatus'
Glyceria maxima 'Variegata'
× *Hibanobambusa tranquilans* 'Shirobana'
Miscanthus sinensis 'Goldfeder'
Miscanthus sinensis 'Univittatus'
Molinia caerulea 'Variegata'
Phragmites australis 'Variegatus'
Pleioblastus auricomus
Spartina pectinata 'Aureomarginata'

Stauden mit weiß oder cremefarben panaschiertem Laub

SELTSAMERWEISE GIBT ES weitaus mehr weiß bzw. cremefarben panaschierte Stauden als gelb bzw. golden marmorierte. Blattmuster wie Streifen, Flecken oder Marmorierungen bilden einen willkommenen Kontrast zu grünem oder rötlichem Laub und beleben dunkle Ecken und eintönige Rabatten.

Armoracia rusticana 'Variegata'
MEERRETTICH
☼ ❄❄❄ ↕ 1 m ↔ 45 cm

Diese marmorierte Sorte der bekannten Pflanzenart bildet Horste aus großen, teilweise oder vollständig weißen Blättern. Weiße Blüten im Sommer.

Convallaria majalis 'Albostriata'
MAIGLÖCKCHEN
◐ ❄❄❄ ↕ 23 cm ↔ 30 cm

Wunderschöne Sorte der beliebten Gartenstaude mit cremeweiß längsgestreiften Blättern. Im Frühjahr öffnen sich duftende, weiße, glockenförmige Blüten.

Hemerocallis fulva 'Kwanzo Variegata'
TAGLILIE
☼ ❄❄❄ ↕ 75 cm ↔ 1,2 m

Die langen, schmalen, gebogenen Blätter haben einen weißlichen Rand und bilden dichte Horste. Im Sommer erscheinen gefüllte, orangebraune Blüten.

Brunnera macrophylla 'Dawson's White'
KAUKASUS-VERGISSMEINNICHT
◐ ❄❄❄ ↕ 45 cm ↔ 60 cm

Im Frühjahr erscheinen niedrige Büschel aus weich behaarten, herzförmigen Blättern mit unregelmäßigem, cremeweißem Rand. Leuchtendblaue Blütenrispen.

Euphorbia characias ssp. *wulfenii* 'Burrow Silver' **WOLFSMILCH**
☼ ❄❄ ↕↔ 1,2 m

Die buschige, verholzende Immergrüne besitzt dichtes, graugrünes Laub mit cremeweißem Rand. Im Frühling und Sommer rundliche, gelbgrüne Blüten.

Hosta 'Shade Fanfare'
FUNKIE, HERZBLATTLILIE
◐ ❄❄❄ ↕ 45 cm ↔ 60 cm

Der exzellente Bodendecker bildet dichte Horste aus großen, herzförmigen Blättern mit unregelmäßigem, cremegelbem, später zu Weiß verblassendem Rand. 🏆

Phlox paniculata 'Harlequin'
GROSSER STAUDENPHLOX
☼ ❄❄❄ ↕ 1,2 m ↔ 1 m

Die in dichten, aufrechten Horsten erscheinenden Stengel tragen cremeweiß panaschierte Blätter. Im Sommer duftende, purpurrote Blüten.

Symphytum x *uplandicum* 'Variegatum'
BEINWELL
☼ ◐ ❄❄❄ ↕ 90 cm ↔ 60 cm

Robuster Pfahlwurzler mit wunderschönen, großen, weiß gerandeten Blättern. Im Sommer erscheinen kleine, röhrenförmige, blaue und rosa Blüten. 🏆

WEITERE STAUDEN MIT HELL PANASCHIERTEM LAUB

- *Astrantia major* 'Sunningdale Variegated'
- *Brunnera macrophylla* 'Hadspen Cream'
- *Iris pallida* 'Argentea Variegata', s. S. 67
- *Lysimachia punctata* 'Alexander'
- *Mentha suaveolens* 'Variegata'
- *Polemonium caeruleum* 'Brise d'Anjou'
- *Polygonatum* x *hybridum* 'Striatum'
- *Scrophularia auriculata* 'Variegata'

Physostegia virginiana 'Variegata'
GELENKBLUME
☼ ◐ ❄❄❄ ↕↔ 45 cm

Die an aufrechten Stengeln erscheinenden Blätter dieser einfach zu kultivierenden Staude sind gräulichgrün und weiß panaschiert. Rote Blüten im Sommer.

Myosotis scorpioides 'Maytime'
SUMPFVERGISSMEINNICHT
◐ ❄❄❄ ↕↔ 30 cm

Hübsch panaschierte Uferpflanze, die dichte Büschel aus großen, weiß gerandeten Blättern bildet. Im Frühsommer erscheinen kleine, blaue Blüten.

Pulmonaria 'Roy Davidson'
LUNGENKRAUT
◐ ● ❄❄❄ ↕ 30 cm ↔ 60 cm

Das halbimmergrüne, rauh behaarte, weiß gefleckte Laub stellt einen guten Bodendecker dar. Im Frühling Trauben mit röhrenförmigen Blüten in Blau und Rot.

Vinca major 'Variegata'
IMMERGRÜN
☼ ◐ ❄❄❄ ↕ 45 cm ↔ 2 m

Die schnellwachsende, immergrüne Pflanze bildet große Teppiche aus attraktiven Blattpaaren mit cremeweißem Rand. Von Spätwinter bis Frühling violette Blüten. 🏆

Stauden mit gelbem oder goldenem Laub

VON ERSTAUNLICH VIELEN Gartenstauden existieren Sorten mit gelb bzw. golden überlaufenen Blättern. Bei manchen Stauden kommt diese Färbung am besten im Frühling zur Geltung, bei anderen tritt sie erst im Lauf des Sommers zutage. Sie alle spielen in lichtarmen Gartenbereichen eine wichtige gestalterische Rolle.

Hosta 'Midas Touch'
FUNKIE, HERZBLATTLILIE
◐ ● ❄❄❄ ↕ 50 cm ↔ 65 cm

Eine der schönsten goldlaubigen Funkien-Sorten. Über den großen, herzförmigen, attraktiv gefurchten Blättern erscheinen im Sommer lavendelblaue Blüten.

Aquilegia 'Mellow Yellow'
AKELEI
◐ ❄❄❄ ↕ 60 cm ↔ 45 cm

Die attraktive Sorte der beliebten Bauerngartenstaude zeigt im Frühling golden überlaufene Blätter, die im Sommer zu Gelbgrün verblassen. Blaßblaue Sommerblüten.

Carex elata 'Aurea'
STEIFE SEGGE
☼ ◐ ❄❄❄ ↕ 70 cm ↔ 90 cm

Mit dem Horst aus gebogenen, grasähnlichen, leuchtend goldenen Blättern wohl die schönste Uferstaude dieser Färbung. Hübsch an fließenden Gewässern und Teichen. 🏆

Lamium maculatum 'Cannon's Gold'
GEFLECKTE TAUBNESSEL
◐ ❄❄❄ ↕ 20 cm ↔ 1 m

Die gesägten, halbimmergrünen Blätter dieser Staude bilden im Frühling und Sommer einen zartgelben Teppich. Im Frühsommer malvenfarbene Blüten.

Campanula garganica 'Dickson's Gold'
GLOCKENBLUME
☼ ◐ ❄❄ ↕ 5 cm ↔ 30 cm

Die Staude bildet ein Kissen aus nierenförmigen, gesägten Blättern, die sich im Sommer mit dem Erscheinen der blauen Blüten golden verfärben.

Centaurea montana 'Gold Bullion'
BERGFLOCKENBLUME
☼ ❄❄❄ ↕ 45 cm ↔ 60 cm

Wunderschöne goldblättrige Sorte der bewährten Gartenstaude. Die Laubfärbung bietet den im Frühsommer erscheinenden blauen Blüten eine ideale Kulisse.

Lysimachia nummularia 'Aurea'
PFENNIGKRAUT
☼ ◐ ❄❄❄ ↕ 5 cm ↔ unbestimmt

Eine der am schönsten gefärbten und zuverlässigsten goldblättrigen Pflanzen. Bildet immergrünen, kriechenden Teppich. Gelbe Blüten im Sommer. 🏆

Melissa officinalis 'All Gold'
ZITRONENMELISSE
☼ ❄❄❄ ↕↔ 60 cm

Die buschige Staude bildet einen dichten Horst aus gelb überlaufenen Stengeln und Blättern, die nach Zitrone duften. Besonders schön im Frühsommer.

Stachys byzantina 'Primrose Heron'
WOLLZIEST, ESELSOHREN
☼ ❄❄❄ ↕ 45 cm ↔ 60 cm

Mattenbildende, immergrüne Staude mit samtig behaarten, gräulichen Stengeln und im Frühling und Sommer samtig gelb überlaufenen, länglichen Blättern.

Tanacetum vulgare 'Isla Gold'
RAINFARN
☼ ❄❄❄ ↕↔ 90 cm

Die golden überlaufene Variante der beliebten Gartenpflanze trägt an aufrechten Stengeln fein gefiederte, aromatische, gelbliche Blätter. Gelbe Blüten im Sommer.

Tradescantia × andersoniana 'Blue and Gold' **GARTENTRADESKANTIE**
☼ ☀ ❄❄❄ ↕↔ 45 cm

Im Sommer erscheinen an aufrechten Stielen tiefblaue Blüten, die in hübschem Kontrast zu den lang riemenförmigen, golden überlaufenen Blättern stehen.

Valeriana phu 'Aurea'
BALDRIAN
☼ ☀ ❄❄❄ ↕ 1,5 m ↔ 60 cm

Die hohe, buschige Staude lohnt sich wegen des golden überlaufenen Frühlingslaubs, das sich im Sommer zu Grün verfärbt. Kleine, weiße Blüten im Spätsommer.

WEITERE STAUDEN MIT GOLDENEM LAUB

Acanthus mollis 'Hollard's Gold'
Acorus gramineus 'Ogon'
Carex elata 'Knightshayes'
Deschampsia flexuosa 'Tatra Gold'
Dicentra spectabilis 'Goldheart'
Filipendula ulmaria 'Aurea'
Gaura lindheimeri 'Corrie's Gold'
Hosta 'Golden Prayers'
Hosta 'Sum and Substance', s. S. 65
Hosta 'Zounds', s. S. 60
Lamium maculatum 'Golden Nuggets'
Luzula sylvatica 'Aurea'
Melissa officinalis 'Aurea', s. S. 49
Milium effusum 'Aureum', s. S. 27
Pleioblastus auricomus
Symphytum ibericum 'Gold in Spring'
Thymus × citriodorus 'Archer's Gold'
Veronica prostrata 'Trehane'

Stauden mit silbrigem oder blaugrauem Laub

STAUDEN MIT SILBRIGEN oder blaugrauen Blättern (oft ist die ganze Pflanze ähnlich gefärbt) sind im Garten besonders zur Abgrenzung sehr kräftig und auffallend gefärbter Pflanzen – also solcher mit rotem, purpurnem oder auch grünem Laub – von außergewöhnlichem gestalterischem Wert. Außerdem bieten sie pastellfarbenen Blüten einen idealen Hintergrund, besonders Rosa-, Lavendel- und Gelbtönen. Daneben eignen sich diese Pflanzen auch als Solitäre oder für Gefäße zusammen mit kontrastierenden Blattschmuckstauden. Die meisten Stauden mit silbrigem Laub bevorzugen sonnige, warme Standorte.

Anaphalis triplinervis 'Sommerschnee'
PERLPFÖTCHEN
☼ ❄❄❄ ↕ 80 cm ↔ 60 cm

Zuverlässige Staude, die an aufrechten, grauen Stielen an der Unterseite wollig behaarte Blätter und im Spätsommer dichte, weiße Doldentrauben trägt. 🏆

Cerastium tomentosum
HORNKRAUT
☼ ❄❄❄ ↕ 8 cm ↔ 1,5 m

Einer der dankbarsten Bodendecker für Mauern und andere sonnige Bereiche. Immergrüne, flaumige Blätter und weiße Blüten im Frühling und Sommer.

Cynara cardunculus
KARDONE, GEMÜSEARTISCHOKE
☼ ❄❄❄ ↕ 1,5 m ↔ 1,2 m

Die aufstrebenden, fiederteiligen, bedornten, silbriggrauen Blätter dieser formschönen Staude bilden große Horste. Im Sommer violette, distelartige Blüten. 🏆

Artemisia ludoviciana var. *albula*
WEISSER BEIFUSS
☼ ❄❄❄ ↕ 1,2 m ↔ 60 cm

Die in Horsten stehenden, wolligen Stengel tragen längliches, grob gesägtes, aromatisches, weiß wolliges Laub und im Sommer und Herbst weiße Blüten.

Crambe maritima
MEERKOHL
☼ ❄❄❄ ↕ 75 cm ↔ 60 cm

Robuste, polsterbildende Staude mit großen, fleischigen, stark gewellten und gebuchteten Blättern in Blaugrün und kleinen, weißen Blüten im Sommer.

Dicentra 'Langtrees'
FARNHERZBLUME
◐ ❄❄❄ ↕ 30 cm ↔ 45 cm

Hübsche Pflanze mit Horsten aus farnartigem, silbrigblauem Laub, über dem im Frühsommer an aufstrebenden Trieben nickende, weiße Blüten erscheinen. 🏆

Galanthus caucasicus
SCHNEEGLÖCKCHEN
☼ ☀ ❄❄❄ ↕ 15 cm ↔ 8 cm

Diese oft große Kolonien bildende, kräftige Art hat breite, blaugrüne Blätter und nickende, weiße Blüten mit grün gezeichneten inneren Segmenten. 🏆

Hosta 'Blue Moon'
FUNKIE, HERZBLATTLILIE
☀ ❄❄❄ ↕ 10 cm ↔ 30 cm

Langsamwachsende, aber lohnende Staude mit attraktiven herzförmigen, flaumig behaarten, blaugrünen Blättern und malvengrauen Blüten im Sommer.

IMMERGRÜNE STAUDEN MIT SILBRIGEM ODER BLÄULICHEM LAUB

Artemisia 'Powis Castle', s. S. 20
Astelia chathamica
Celmisia spectabilis
Euphorbia nicaeensis, s. S. 76
Festuca glauca 'Blaufuchs', s. S. 138
Heuchera 'Pewter Moon'
Kniphofia caulescens, s. S. 114
Stachys byzantina 'Big Ears'
Tanacetum argenteum
Yucca glauca

KRAUTIGE STAUDEN MIT SILBRIGEM ODER BLÄULICHEM LAUB

Aquilegia vulgaris 'Nivea'
Cynara scolymus 'Glauca'
Hosta 'Hadspen Blue', s. S. 67
Iris pallida
Lychnis flos-jovis
Macleaya cordata
Rudbeckia maxima
Sanguisorba obtusa
Thalictrum flavum ssp. *glaucum*, s. S. 29

Helictotrichon sempervirens
WIESENHAFER
☼ ❄❄❄ ↕ 1,5 m ↔ 60 cm

Imposantes, immergrünes Ziergras, das einen großen Horst aus steifen, schmalen, graublauen Blättern bildet. Im Sommer Blütenrispen an aufrechten Stielen. 🏆

Lysimachia ephemerum
FELBERICH
☼ ☀ ❄❄❄ ↕ 1 m ↔ 30 cm

An den aufragenden Stengeln dieser dekorativen Staude erscheinen weidenähnliche, flaumig behaarte, meergrüne Blätter und im Sommer kleine, weiße Blüten.

Verbascum olympicum
RIESENKÖNIGSKERZE
☼ ❄❄❄ ↕ 2 m ↔ 60 cm

Die aufragende, auffallend weißfilzig behaarte Staude oder Zweijährige hat eine überwinternde Blattrosette und trägt im Sommer in Rispen gelbe Blüten.

Stauden mit purpurnem, rotem oder bronzenem Laub

SORGFÄLTIG AUSGEWÄHLTE STAUDEN mit purpurnem, rötlichem oder bronzenem Laub können zwischen hellgrünen, gräulich oder sogar gelb überlaufenen Pflanzen wundervolle Akzente setzen. Bei manchen Stauden wie etwa der Oktobersilberkerze *Cimicifuga simplex* 'Brunette' ist die Färbung sehr ausdauernd, wenn nicht gar andauernd; bei anderen hingegen tritt sie nur im Frühjahr beim frischen Laub auf. Auffallend oft gesellt sich zu der intensiven Laubfärbung eine ausgesprochen blasse Blüte.

Artemisia lactiflora 'Guizhou'
MILCHWEISSER BEIFUSS
☼ ❄❄❄ ↕ 1,5 m ↔ 1 m

Kräftige Staude, die Horste aus verzweigten, dunkelpurpur überlaufenen Stengeln und fiederteiligen Blättern hervorbringt. Weiße Blüten von Sommer bis Herbst.

IMMERGRÜNE STAUDEN MIT ROTEM, PURPURNEM ODER BRONZENEM LAUB

Ajuga reptans 'Atropurpurea'
Ajuga reptans 'Braunherz'
Euphorbia amygdaloides 'Purpurea'
Phormium 'Maori Chief'
Phormium tenax 'Purpureum'
Salvia officinalis 'Purpurascens'
Sedum spathulifolium 'Atropurpureum'
Sempervivum 'Othello'
Uncinia rubra
Veronica peduncularis 'Georgia Blue'

Heuchera 'Rachel'
PURPURGLÖCKCHEN
☼ ◐ ❄❄❄ ↕ 60 cm ↔ 45 cm

Sommerblühende Staude, die niedrige Büschel aus runzeligen, gelappten, bräunlichpurpurnen Blättern mit leuchtendpurpurner Unterseite bildet.

Cimicifuga simplex 'Brunette'
OKTOBERSILBERKERZE
◐ ❄❄❄ ↕ 1,2 m ↔ 60 cm

Die wunderschöne Staude bildet dichte Horste aus gefiederten, purpurbraunen Blättern. Im Herbst zeigen sich über dem Laub elegante, weiße Blütentrauben.

Euphorbia dulcis 'Chameleon'
WOLFSMILCH
☼ ◐ ❄❄❄ ↕↔ 30 cm

Die verzweigten, rötlichen Stengel tragen kleine, purpurrötliche Blätter mit schöner Herbstfärbung. Winzige, gelblichgrüne Blüten im Sommer. Versät sich.

Imperata cylindrica 'Rubra'
JAPANISCHES BLUTGRAS
☼ ◐ ❄ ↕ 40 cm ↔ 30 cm

Attraktives Ziergras mit aufragenden, grünen Blättern, die sich schon bald von der Spitze nach unten blutrot verfärben. Silbrigweiße Blütenrispen im Sommer.

Ophiopogon planiscapus 'Nigrescens'
SCHLANGENBART
☼ ☀ ❄❄ ↕ 20 cm ↔ 30 cm

Mit den niedrigen, immergrünen Tuffs aus schmalen, ledrigen, purpurschwarzen Blättern ein idealer Bodendecker. Aufrechte, weiße Blütentrauben im Sommer. 🏆

Ranunculus ficaria 'Brazen Hussy'
SCHARBOCKSKRAUT
☼ ☀ ❄❄❄ ↕ 5 cm ↔ 15 cm

Die kleinen Rosetten aus langstieligen, herzförmigen, schokobraunen Blättern bieten den goldgelben Blüten im Frühjahr einen idealen Hintergrund.

Sedum 'Matrona'
FETTHENNE, DICKBLATT
☼ ❄❄❄ ↕ 60 cm ↔ 30 cm

Von Spätsommer bis Herbst erscheinen an fleischigen Stengeln flache Dolden aus sternförmigen, rosa Blüten. Fleischige, purpur überlaufene Blätter.

Rodgersia podophylla
SCHAUBLATT
☼ ☼ ❄❄❄ ↕ 1,5 m ↔ 1,8 m

Die in jungem Alter bronzerot überlaufenen, langstieligen, geteilten und gezähnten Blätter verfärben sich im Herbst erneut rot. Weiße Blüten im Sommer. 🏆

Phormium 'Dazzler'
NEUSEELÄNDER FLACHS
☼ ❄❄ ↕ 1 m ↔ 1,2 m

Robuster Horst aus immergrünen, schwertförmigen, ledrigen Blättern, die auf bräunlichpurpurnem Hintergrund rote, orange und rosa Streifen zeigen.

KRAUTIGE STAUDEN MIT ROTEM, PURPURNEM ODER BRONZENEM LAUB

Anthriscus sylvestris 'Ravenswing'
Clematis recta 'Purpurea'
Foeniculum vulgare 'Purpureum', s. S. 119
Heuchera micrantha var. *diversifolia* 'Palace Purple'
Lobelia 'Queen Victoria'
Penstemon digitalis 'Husker Red'
Sedum telephium ssp. *maximum* 'Atropurpureum'

Sedum 'Sunset Cloud'
FETTHENNE, DICKBLATT
☼ ❄❄❄ ↕ 25 cm ↔ 45 cm

Eine der schönsten niedrigen Sorten mit fleischigen, kriechenden oder aufstrebenden Stengeln, flaumigem Laub und rosa Blütendolden im Spätsommer.

Stauden mit attraktiver Herbstfärbung

OFT BEACHTEN WIR IM HERBST nur die prächtig verfärbten Bäume und vergessen darüber die vielen krautigen Stauden, die – wie die im folgenden vorgestellten Pflanzen – ebenfalls ihr farbenfrohes Herbstgewand anlegen, bevor der Winter einbricht.

WEITERE STAUDEN MIT ATTRAKTIVER HERBSTFÄRBUNG

Agapanthus 'Loch Hope', s. S. 64
Aruncus aethusifolius, s. S. 119
Ceratostigma plumbaginoides, s. S. 44
Darmera peltata, s. S. 60
Euphorbia griffithii 'Fireglow', s. S. 84
Geranium macrorrhizum, s. S. 83
Hosta fortunei
Imperata cylindrica 'Rubra', s. S. 132
Miscanthus sinensis 'Flammemeer'
Osmunda regalis, s. S. 61

Calamagrostis × acutiflora 'Karl Foerster' **REITGRAS**

☼ ◐ ❄❄❄ ↕ 1,8 m ↔ 60 cm

Dieses imposante, horstbildende Ziergras besitzt steif aufragende Stengel und gebogene Blätter. Die rosabronzenen Blütenrispen werden im Herst braun.

Darmera peltata 'Nana'
SCHILDBLATT

☼ ◐ ❄❄❄ ↕ 35 cm ↔ 60 cm

Diese Zwergsorte besitzt langstielige, schildförmige Blätter, die sich im Herbst rot bzw. kupferorange verfärben. Im Frühjahr blaßrosa Blüten in Trugdolden.

Geranium wlassovianum
STORCHSCHNABEL

☼ ◐ ❄❄❄ ↕↔ 60 cm

Die Horste aus geteilten und gelappten, samtig behaarten Blätter sind im Frühjahr rosabronzefarben und verfärben sich im Herbst zunehmend purpurbronze.

Pennisetum setaceum 'Rubrum'
FEDERBORSTENGRAS

☼ ❄❄ ↕ 1 m ↔ 60 cm

Kräftig wachsendes Gras, das Horste aus aufrechten, purpurnen Stengeln und Blättern bildet. Die geneigten oder hängenden Blütenähren verblassen zu Weiß.

Schizachyrium scoparium

☼ ❄❄❄ ↕ 1 m ↔ 30 cm

Die dichten Horste aus geneigten, gräulichgrünen Blättern und aufrechten Stengeln färben sich im Herbst orangerot. Schmale Blütenrispen im Sommer.

Sedum aizoon
FETTHENNE, DICKBLATT

☼ ❄❄❄ ↕↔ 45 cm

Im Herbst färben sich die Horste aus aufrechten, rötlichen Stengeln und länglichen, fleischigen Blättern rot bis orangerot. Sternförmige, gelbe Blüten im Sommer.

Stauden mit dekorativem Winterlaub

DIE HERBSTLICH VERFÄRBTEN STAUDEN setzen im Garten besondere Glanzlichter – und die mit dekorativem Winterlaub sind geradezu unentbehrlich, denn sie sorgen mit ihrem gelb oder weiß panaschierten Laub, ihren rot oder silbrig überlaufenen Blättern für Blickfänge, wenn andere Pflanzen ihr Laub längst verloren haben.

Epimedium x *rubrum*
ELFENBLUME, SOCKENBLUME
↕↔ 30 cm

Die in jungem Alter rötlich überlaufenen, geteilten und gesägten Blätter werden im Herbst rot und überdauern den Winter. Rot-gelbe Frühlingsblüten.

Arum italicum 'Marmoratum'
ARONSTAB
↕ 30 cm ↔ 25 cm

Mit ihren pfeilförmigen, blaß geäderten Blättern eine der schönsten und zuverlässigsten wintergrünen Stauden. Grünlichweiße Blüten im zeitigen Frühjahr.

Celmisia semicordata

PH ↕ 50 cm ↔ 30 cm

Die schwertförmigen, seidig behaarten, auf der Oberseite graugrünen, auf der Unterseite silbrigen Blätter bilden dichte Rosetten bzw. Horste. Sommerblühend.

WEITERE STAUDEN MIT DEKORATIVEM WINTERLAUB

Asplenium scolopendrium 'Crispum', s. S. 141
Euphorbia characias ssp. *wulfenii* 'Purple and Gold'
Galax urceolata
Helleborus argutifolius, s. S. 114
Phormium 'Sundowner'
Pulmonaria saccharata 'Leopard', s. S. 115
Tellima grandiflora 'Purpurea'

Bergenia 'Ballawley'
BERGENIE, LÖFFELBLATT
↕ 60 cm ↔ 45 cm

Die in niedrigen Rosetten erscheinenden ledrigen, glänzend grünen Blätter färben sich im Winter purpurbronze bzw. purpurrot. Rosarote Trugdolden im Frühjahr.

Cyclamen coum, Pewter-Gruppe
ALPENVEILCHEN
↕ 8 cm ↔ 10 cm

Wunderschöne Spielart des winterblühenden Alpenveilchens. Nierenförmige, silbrig schimmernde Blätter, oft mit dunklerer Mitte. Rotviolette Blüten.

Sasa veitchii
ZWERGBAMBUS
↕ 1,5 m ↔ unbestimmt

Der ausgesprochen kräftige, kriechende Strauch hat große, immergrüne Blätter, deren Ränder im Herbst zu Weiß verblassen. Sehr großer Platzbedarf.

LIEBHABER-STAUDEN

Polystichum munitum für schattige, feuchte Lagen

BESTIMMTE STAUDEN zählen zu den mit Begeisterung gesammelten Gartenpflanzen. Sie werden wegen ihres Laubs, ihrer Blüten oder ihrer Form geschätzt und sind mittlerweile auch nicht mehr schwer zu beschaffen.

△ NIESWURZ Helleborus-*Hybriden sind exzellente Bodendecker und gehören zu den schönsten Stauden.*

Stellen Sie sich einen Garten vor, in dem sich 100 unterschiedliche Storchschnabel-Arten, 50 verschiedene Pfingstrosen oder eine große Auswahl winterharter Farne befinden ... Und tatsächlich gibt es immer mehr solcher Gärten, da sich viele Gärtner auf das Sammeln bestimmter Pflanzengattungen spezialisiert haben. Wenngleich die gärtnerische Sammelleidenschaft in Europa schon eine 400jährige Geschichte besitzt und in China und Japan bereits sehr viel länger Tradition ist, begeistern sich Staudenliebhaber seit den letzten Jahren wieder neu für dieses faszinierende Hobby.

Die in diesem Kapitel vorgestellten Stauden zählen zu den begehrtesten Liebhaberpflanzen. Manche wie etwa das Schneeglöckchen und der Storchschnabel sind seit langem beliebt und existieren bereits in zahllosen Sorten. Andere wie etwa die Ziergräser, die Nieswurz oder die Elfenblume wurden erst vor relativ kurzer Zeit von den Sammlern »entdeckt«.

DIE RICHTIGE MISCHUNG

Es macht Spaß, möglichst viele Sorten einer Pflanzenart aufzustöbern, aber trotzdem muß der ganze Garten nicht ausschließlich mit den Formen einer einzigen Art angefüllt sein. Wählen Sie statt dessen nur die schönsten Formen, und kombinieren Sie diese mit anderen Gartenpflanzen; so ist rund ums Jahr für Abwechslung gesorgt.

EINE SAMMLUNG AUFBAUEN

Dank der Vielfalt an Stauden läßt sich für jede Gartengröße und jede Lage eine geeignete Sammlung aufbauen. Für kleine Stadtgärten eignen sich zum Beispiel Fetthenne oder Steinbrech, die man in Trögen oder Kübeln kultiviert. Und selbst wenn Ihre Lieblingspflanzen Sträucher oder Rosen sind, lassen sich diese mit Storchschnabel unterpflanzen. Unter günstigen Bedingungen kann man sogar verschiedene Sammlungen anlegen; so gehen beispielsweise winterharte Farne, Schneeglöckchen, Lungenkraut und Elfenblume eine friedliche Gemeinschaft ein.

△ PFINGSTROSEN *Klassische Stauden wie etwa* Paeonia x smouthii *bestechen sowohl durch ihr Laub wie durch ihre Blüten.*

◁ STORCHSCHNABEL *Der beliebte und pflegeleichte Storchschnabel* (Geranium) *ist als Bodendecker und Beetstaude geeignet.*

▷ GRÄSER *Eine Sammlung aus unterschiedlichen Ziergräsern kann herrliche, kontrastierende Effekte erzeugen.*

Niedrige Gräser und Seggen

DIESE LANGE VERNACHLÄSSIGTEN Pflanzen werden heute wegen ihres enormen Zierwerts wiederentdeckt. Die im folgenden vorgestellten Stauden bleiben recht niedrig und eignen sich so für Rabatten in kleinen Gärten, aber auch als Solitäre.

Carex muskingumensis
SEGGE
◐ ❄❄❄ ↕ 60 cm ↔ 45 cm

Mit ihrer lockeren Wuchsform, den aufrechten, beblätterten Halmen und waagrecht abstehenden Blättern ähnelt diese Segge einem Bambus.

WEITERE NIEDRIGE GRÄSER UND SEGGEN

- *Bouteloua gracilis*
- *Carex hachijoensis* 'Evergold', s. S. 124
- *Festuca glauca* 'Golden Toupee'
- *Imperata cylindrica* 'Rubra', s. S. 132
- *Miscanthus sinensis* 'Sioux'
- *Stipa tenuissima*, s. S. 71

Deschampsia cespitosa 'Goldschleier'
RASENSCHMIELE
☼ ◐ ❄❄❄ PH ↕↔ 1 m

Im Sommer erscheinen an schlanken Trieben kleine, grüne Blütenrispen, die sich im Alter leuchtend silbriggelb färben. Schmale, immergrüne Blätter.

Festuca glauca 'Blaufuchs'
BLAUSCHWINGEL
☼ ❄❄❄ ↕ 30 cm ↔ 25 cm

Eine der schönsten niedrigen, blaublättrigen Gras-Arten. Der Sortenname beschreibt zutreffend die dichten Tuffs aus schmalen, leuchtendblauen Blättern.

Pennisetum orientale
FEDERBORSTENGRAS
☼ ❄❄ ↕ 60 cm ↔ 75 cm

Wunderbare Solitärpflanze mit dichtem Horst aus schmalen Blättern und gebogenen Stengeln, die im Sommer weiche, rosa überlaufene Blütenähren tragen. 🏆

Carex siderosticha 'Variegata'
SEGGE
☼ ◐ ❄❄❄ ↕ 30 cm ↔ 40 cm

Eine der attraktivsten Zierseggen, als Bodendecker geeignet. Die gebogenen, riemenförmigen, weiß gerandeten Blätter bilden dichte, niedrige Büschel.

Elymus magellanicus
HAARGERSTE
☼ ❄❄❄ ↕ 60 cm ↔ 30 cm

Sowohl die Tuffs aus langen, schmalen Blättern als auch die Triebe, die im Sommer schmale Blütenrispen tragen, sind leuchtendblau. Schön in Einzelstellung.

Stipa tenuifolia
PFRIEMENGRAS, FEDERGRAS
☼ ❄❄ ↕ 60 cm ↔ 75 cm

Diese anmutige Gras-Art bildet einen dichten Horst aus langen, schlanken, leuchtendgrünen Blättern und trägt im Sommer geneigte, fedrige Blütenrispen.

Hohe Ziergräser

Die besonders als Blickfänge in oder neben Rasenflächen beliebten hohen Ziergräser lassen sich in Rabatten auch gut unterpflanzen und bestechen ab Spätsommer durch ihre Blüte. Sie sind einfach zu kultivieren und wirken sowohl in Gruppen wie auch als Solitäre.

Calamagrostis brachytricha
Reitgras
☼ ◑ ❄❄❄ ↕1,2 m ↔1 m

Die dichten Horste aus aufrechten Trieben tragen im Spätsommer oder Herbst schmale, purpur überhauchte Blütenstände, die im Winter schokobraun werden.

Chionochloa conspicua
Hunangemoho-Gras
☼ ❄❄ ↕2 m ↔1 m

An hohen Stengeln anmutig geneigte, cremefarbene Ährchen in lockeren Rispen, die sich später blaß silberbraun färben, über immergrünen, rotbraunen Blättern.

Cortaderia richardii
Pampasgras
☼ ❄❄ ↕3 m ↔2 m

Im Sommer erheben sich über dem Horst aus überhängenden, immergrünen Blättern dichte, federartige, silbrige Blütenrispen, die bis in den Winter stehenbleiben.

Cortaderia selloana 'Sunningdale Silver' **Pampasgras**
☼ ❄❄ ↕3 m ↔2,5 m

Diese imposante, beliebte und bewährte Sorte besitzt kräftige Stengel mit langen, silbrigweißen Blütenrispen, die bis in den Winter hinein stehenbleiben. 🏆

Weitere hohe Ziergräser

Arundo donax 'Macrophylla', s. S. 116
Cortaderia selloana 'Rendatleri', s. S. 22
Miscanthus sacchariflorus
Miscanthus sinensis 'Silberfeder'
Miscanthus sinensis 'Zebrinus', s. S. 125
Stipa gigantea

Miscanthus sinensis 'Cabaret'
Chinaschilf
☼ ❄❄ ↕1,8 m ↔1,2 m

Auffallende weiße Längsstreifen zeichnen die Blätter dieser attraktiven, horstbildenden Gras-Art. Im Herbst erscheinen winzige, weiße Blüten in kleinen Ähren.

Farne für den Schatten

VON ALLEN NICHTBLÜHENDEN STAUDEN sind Farne die attraktivsten, denn sie bieten eine große Vielfalt an Wuchsformen und -höhen, eignen sich als Solitär- und als Gruppenpflanzen. Die folgenden Farne lieben humusreiche, feuchte Böden in schattigen Lagen.

Asplenium scolopendrium
HIRSCHZUNGENFARN
☼ ☀ ❄❄❄ ↕↔ 60 cm

Dieser stattliche Farn hat charakteristische lange, ledrige, riemenförmige, immergrüne Wedel; an den Unterseiten braune Sporenbehälter. Benötigt humusreichen Boden. 🏆

WEITERE FARNE FÜR SCHATTIGE, FEUCHTE LAGEN

- *Dryopteris affinis* 'Cristata The King'
- *Dryopteris goldieana*
- *Dryopteris filix-mas*
- *Matteuccia struthiopteris*, s. S. 65
- *Osmunda cinnamomea*
- *Osmunda regalis*, s. S. 61
- *Polystichum acrostichoides*
- *Polystichum braunii*

Athyrium filix-femina
FRAUENFARN
☼ ❄❄❄ ↕ 1,2 m ↔ 60 cm

Die krautigen, gefiederten, hellgrünen Wedel an grünen oder rotbraunen Stengeln bilden einen anmutigen Horst. Besonders als Uferbepflanzung geeignet. 🏆

Dryopteris erythrosora
WURMFARN
☼ ☀ ❄❄❄ ↕↔ 60 cm

Mit den kupferroten jungen Wedeln im Frühjahr und Sommer und den dunkelgrünen alten, überwinternden Wedeln einer der farbenfrohesten Farne. 🏆

Dryopteris wallichiana
WURMFARN
☼ ❄❄❄ ↕ 90 cm ↔ 75 cm

Die aufrechten Wedel bilden einen großen, halbimmergrünen Horst und besitzen dunkel geschuppte Stengel. Je feuchter der Boden, desto besser das Wachstum. 🏆

Polystichum munitum
SCHWERTFARN
☼ ☀ ❄❄❄ ↕ 90 cm ↔ 1,2 m

Eleganter Farn, der in lichtarmen Ecken als Blickfang dienen kann. Die ledrigen, grannig gezähnten, immergrünen Blätter bilden einen dichten Horst.

Polystichum polyblepharum
SCHILDFARN
☼ ☀ ❄❄❄ ↕ 60 cm ↔ 90 cm

Die gefiederten, gezähnten Wedel sind in jungem Alter von goldenen Härchen bedeckt. Besonders wirkungsvoll in Gruppen mit anderen Farnen.

Polystichum setiferum
WEICHER SCHILDFARN
☼ ☀ ❄❄❄ ↕ 1,2 m ↔ 90 cm

Dieser anmutige Farn bildet einen großen, lockeren Horst aus immergrünen, gefiederten, dunkelgrünen Wedeln. Uferpflanze, die durchlässige Böden liebt. 🏆

Farne zur Mauerbegrünung

FARNE, DIE IN DER FREIEN NATUR in Fels- und Mauerspalten gedeihen, bleiben meistens klein bis sehr klein. Auch im Garten können sie in den Spalten und Ritzen von feuchten Mauern eingesetzt werden und gedeihen außerdem in Schalen oder Töpfen.

Asplenium adiantum-nigrum
STREIFENFARN
☼ ● ❄❄❄ ↕ 15 cm ↔ 20 cm

Robuster, immergrüner Farn mit drahtigen Stengeln und dreieckigen, ledrigen, gefiederten Wedeln in Hellgrün. Bevorzugt basische Böden.

Asplenium ceterach
STREIFENFARN
☼ ◐ ❄❄❄ ↕ 12,5 cm ↔ 25 cm

Der unverwechselbare rosettenbildende, immergrüne Farn hat lanzettförmige, dunkelgrüne Wedel mit silbrigen, im Alter rotbraunen Schuppen an der Unterseite.

WEITERE FARNE ZUR MAUERBEGRÜNUNG

Adiantum capillus-veneris
Asplenium viride
Cheilanthes feei
Cheilanthes tomentosa
Cystopteris fragilis
Pellaea atropurpurea
Polypodium vulgare 'Cornubiense', s. S. 115

Asplenium ruta-muraria
MAUERRAUTE
☼ ◐ ● ❄❄❄ ↕ 10 cm ↔ 12,5 cm

Der in der freien Natur oft mit *A. trichomanes* vorkommende Farn bildet dichte Büschel aus kleinen, ledrigen, immergrünen Wedeln und liebt basische Böden.

Asplenium scolopendrium 'Crispum'
HIRSCHZUNGENFARN
◐ ● ❄❄❄ ↕ 50 cm ↔ 60 cm

Die riemenförmigen, glänzenden Wedel mit welligem Rand bilden einen attraktiven immergrünen Horst. Auch für den vorderen Bereich schattiger Rabatten geeignet.

Asplenium trichomanes
STEINFEDER
☼ ◐ ● ❄❄❄ ↕ 15 cm ↔ 20 cm

Der empfindlich wirkende, jedoch robuste Farn bildet eine Rosette aus immergrünen, paarig angeordneten Fiedern an dunklen Stengeln. Liebt basische Böden.

Polypodium cambricum, Pulcherrimum-Gruppe **TÜPFELFARN**
☼ ◐ ❄❄❄ ↕ 45 cm ↔ 60 cm

Die dekorativen, regelmäßig fiederteiligen, dreieckigen bis lanzettförmigen Wedel dieses Tüpfelfarns haben endständige Kämme und sind wintergrün.

Woodsia polystichoides
WIMPERNFARN
◐ ❄❄❄ ↕ 20 cm ↔ 25 cm

Mit kleinen Horsten aus lanzettförmigen, blaßgrünen Wedeln einer der schönsten Farne zur Begrünung von Mauern. Späte Frühjahrsfröste können schaden.

Hoher, kräftiger Bambus

DIE ÜPPIGE, LOCKERE WUCHSFORM und die glänzenden, sich stets sanft wiegenden, immergrünen Blätter machen aus vielen Bambus-Arten einen idealen Sichtschutz – besonders auf feuchten, gut durchlässigen Böden in geschützten Lagen. Diese Stauden eignen sich auch für die Gefäßkultur.

Chimonobambusa quadrangularis
VIERECKBAMBUS
☀ ❄❄ ↕ 5 m ↔ unbestimmt

Die älteren Halme dieser ausgesprochen schnellwachsenden Art sind auffallend vierkantig und verfärben sich von Grün zu Braun. Geneigte, frischgrüne Blätter.

Pseudosasa japonica
METAKE
☼ ☀ ❄❄❄ ↕ 6 m ↔ unbestimmt

Außerordentlich schöne Pflanze, die oft als Sichtschutz eingesetzt wird. Die Halme biegen sich im Alter unter der Last des üppigen Blattwerks oft bis zum Boden.

Semiarundinaria fastuosa
AUFRECHTER BAMBUS
☼ ☀ ❄❄ ↕ 5 m ↔ 4 m

Diese imposante, aufrechte Art hat pupurbraun gestreifte Halme und üppiges Blattwerk. In kühlem Klima horstbildend, in warmem Klima stark wuchernd. 🏆

WEITERE HOHE ARTEN

Phyllostachys aurea
Phyllostachys aureosulcata
Phyllostachys aureosulcata 'Spectabilis'
Phyllostachys edulis
Phyllostachys nigra 'Boryana'
Phyllostachys vivax 'Aureocaulis'
Pleioblastus simonii
Semiarundinaria yashadake
Yushania maculata

Phyllostachys viridiglaucescens
BLAUGRÜNER BAMBUS
☼ ☀ ❄❄ ↕ 5 m ↔ unbestimmt

Wie alle Arten dieser Gattung bildet auch diese paarige Verzweigungen an den Nodien. Bedeckt mit seinen gebogenen Halmen große Flächen. Frischgrüne Blätter.

Qiongzhuea tumidinoda
KRÜCKSTOCKBAMBUS
☀ ❄❄ ↕ 5 m ↔ unbestimmt

Die erst kürzlich aus China eingeführte Pflanze hat verdickte Nodien; die Halme finden als Spazierstöcke Verwendung. In voller Sonne färbt sich das Laub gelb.

Yushania anceps
☼ ☀ ❄❄ ↕ 4 m ↔ unbestimmt

Die als Sichtschutz bekannteste Art bildet ein dichtes Gewirr aus schlanken, glänzenden Halmen und geneigten bis überhängenden Zweigen mit üppigem Laub. 🏆

Horstbildender Bambus

NUR WENIGE IMMERGRÜNE STAUDEN übertreffen den Bambus an Eleganz und Wirkung. Die folgenden Arten bilden langsam dichte Horste und eignen sich am besten in Einzelstellung an Rasenflächen, in Rabatten oder am Ufer, sofern der Boden nicht zu feucht ist.

WEITERE HORSTBILDENDE ARTEN

Chusquea culeou 'Tenuis'
Fargesia denudata
Fargesia robusta
Himalayacalamus falconeri 'Damarapa'
Thamnocalamus crassinodus 'Kew Beauty'
Thamnocalamus spathiflorus

Chusquea culeou
CHILENISCHER BAMBUS
☼ ◑ ❄❄ ↕ 6 m ↔ 2,5 m

Die dicht beblätterten, gelblichen bis grünen Halme bilden einen imposanten, vasenförmigen, immergrünen Horst. Verzweigungen an jeder Nodie. 🏆

Fargesia nitida
SCHIRMBAMBUS
☼ ◑ ❄❄ ↕ 5 m ↔ 3 m

Diese Bambus-Art bildet einen großen, dichten Horst aus schlanken, geneigten, purpur überlaufenen Halmen, die im Alter gelbgrün werden. Schmale Blätter. 🏆

Fargesia murieliae
GARTENBAMBUS, SCHIRMBAMBUS
◑ ❄❄ ↕ 4 m ↔ 3 m

Beliebte Solitärpflanze, die einen vasenförmigen Horst aus gebogenen, flaumig weißen Halmen bildet, die sich im Alter Grün bis hin zu Gelb verfärben. 🏆

Semiarundinaria yamadorii
☼ ◑ ❄❄ ↕ 3 m ↔ 2 m

Diese überaus wertvolle Art besticht durch üppiges, attraktives, sattgrünes Blattwerk. Die hohen, schlanken Halme bilden einen dichten, aufrechten Horst.

Thamnocalamus tessellatus
☼ ◑ ❄❄ ↕ 4 m ↔ 2 m

Auffallende papierartige, weiße Blattscheiden umschließen die hohen Halme dieser dichten, horstbildenden Art und verleihen ihr ein geringeltes Aussehen.

Storchschnabel für Sammler

WINTERHARTE STORCHSCHNABEL-ARTEN gehören zu den beliebtesten Stauden, denn sie lassen sich im Garten vielfältig einsetzen und sind außerdem, was ihre Wuchsform, ihre Blätter und ihre Blüten angeht, sehr vielgestaltig. Sie sollten in keinem Garten fehlen.

Geranium 'Salome'
STORCHSCHNABEL
☼ ◐ ❄❄❄ ↕ 30 cm ↔ 2 m

Die schwach marmorierten Blätter dieser Sorte sind in jungem Alter gelb überlaufen. Rosaviolette Blüten mit dunkleren Adern und Auge von Sommer bis Herbst.

WEITERE STORCHSCHNABEL-ARTEN FÜR SAMMLER

Geranium 'Brookside', s. S. 27
Geranium clarkei 'Kashmir Pink'
Geranium maculatum f. *albiflorum*
Geranium maderense
Geranium x *riversleaianum* 'Russell Prichard', s. S. 100
Geranium sinense
Geranium wlassovianum, s. S. 134

Geranium himalayense 'Plenum'
GROSSBLÜTIGER STORCHSCHNABEL
☼ ◐ ❄❄❄ ↕ 25 cm ↔ 60 cm

Die auch unter dem Sortennamen 'Birch Double' bekannte Staude eignet sich für die vorderen Bereiche von Beeten und Rabatten. Gefüllte Blüten im Sommer.

Geranium 'Nimbus'
STORCHSCHNABEL
☼ ◐ ❄❄❄ ↕ 40 cm ↔ 60 cm

Diese niedrige Sorte breitet sich unterirdisch kriechend aus und bildet ein Büschel tiefgeteilter Blätter, die in jungem Alter gelblich sind. Rosa Blüten im Sommer.

Geranium sylvaticum 'Amy Doncaster'
WALDSTORCHSCHNABEL
☼ ◐ ❄❄❄ ↕ 70 cm ↔ 50 cm

Im Sommer trägt diese hübsche Sorte purpurblaue Blüten mit weißer Mitte; der Name bezieht sich auf die Gärtnerin, die die Pflanze in ihrem Garten züchtete.

Geranium kishtvariense
STORCHSCHNABEL
☼ ◐ ❄❄❄ ↕ 30 cm ↔ 60 cm

Unterirdisch kriechende Triebe bilden ein Büschel aus runzeligen, tiefgeteilten Blättern. Im Sommer und Herbst pinkfarbene Blüten mit feiner Zeichnung.

Geranium phaeum 'Lily Lovell'
STORCHSCHNABEL
☼ ◐ ❄❄❄ ↕ 80 cm ↔ 45 cm

Eine überaus hübsche Sorte mit gelappten, hellgrünen Blättern und dichten Büscheln aus malvenfarbenen Blüten mit weißer Mitte im Sommer.

Geranium wallichianum
HIMALAJA-STORCHSCHNABEL
☼ ◐ ❄❄❄ ↕ 30 cm ↔ 90 cm

Die hübsch gestreiften, purpurvioletten Blüten dieser teppichbildenden Art erscheinen über Wochen hinweg von Sommer bis Herbst. Marmoriertes Laub.

Funkien für Sammler

Die schon enorme Zahl an Funkien-Arten und -Sorten nimmt von Jahr zu Jahr weiter zu, und immer kommen neue Blattformen, -größen und -farben sowie attraktivere Blüten hinzu. Die im folgenden vorgestellten Stauden eignen sich als Solitär-, Gruppen- und Kübelpflanzen.

Hosta lancifolia
Lanzenfunkie
☼ ☀ ❄❄❄ ↕ 45 cm ↔ 75 cm

Die seit langem kultivierte, bodendeckende Art bildet einen Horst aus schmalen, glänzend dunkelgrünen Blättern. Im Sommer purpurne Blüten in Trauben. 🏆

Hosta 'Buckshaw Blue'
Funkie, Herzblattlilie
☼ ☀ ❄❄❄ ↕ 35 cm ↔ 60 cm

Die herzförmigen, leicht gewölbten Blätter sind auffallend geädert, blaufilzig überlaufen und bilden einen Horst. Nickende, kurzstielige Blüten im Sommer.

Hosta gracillima
Funkie, Herzblattlilie
☼ ☀ ❄❄❄ ↕ 5 cm ↔ 18 cm

Die für Gefäßkultur, Steingärten oder zur Mauerbegrünung geeignete Art hat lanzettförmige Blätter mit welligem Rand und rosaviolette Blüten im Herbst.

Weitere Funkien für Sammler

Hosta fluctuans 'Sagae'
Hosta 'Great Expectations'
Hosta 'King Michael'
Hosta 'Northern Halo'
Hosta opipara
Hosta plantaginea 'Aphrodite'
Hosta 'Snowden'
Hosta 'Summer Fragrance'
Hosta 'Zounds', s. S. 60

Hosta montana 'Aureomarginata'
Funkie, Herzblattlilie
☼ ☀ ❄❄❄ ↕ 70 cm ↔ 90 cm

Die langsamwachsende Sorte ist eine schöne Solitärpflanze für Kübel und Rabatten. Langstielige, große Blätter mit unregelmäßigem, goldenem Rand.

Hosta 'Golden Tiara'
Funkie, Herzblattlilie
☼ ☀ ❄❄❄ ↕ 30 cm ↔ 50 cm

Bildet einen kompakten Horst aus herzförmigen, gelb gerandeten Blättern. Im Sommer rotviolette Blüten in hohen Trauben. Schöne, recht niedrige Sorte. 🏆

Hosta hypoleuca
Funkie, Herzblattlilie
☼ ☀ ❄❄❄ ↕ 45 cm ↔ 90 cm

Diese attraktive Art besticht durch große, blaßgrüne Blätter mit graufilziger Oberseite und bemehlter Unterseite. Blaßviolette bis weiße Blüten im Sommer.

Hosta tokudama
Blaue Löffelfunkie
☼ ☀ ❄❄❄ ↕ 35 cm ↔ 90 cm

Die schöne, aber langsamwachsende Art trägt im Sommer blaß graulila bis weiße Blüten und bildet einen kompakten Horst aus herzförmigen, runzeligen Blättern.

Schneeglöckchen für Sammler

WENN IHR HERZ BEIM ANBLICK gewöhnlicher Schneeglöckchen im spätwinterlichen Garten schon höher schlägt, werden Sie gleich begeistert sein. Es gibt Dutzende von weniger bekannten Arten und Sorten, die allesamt reizend und äußerst pflegeleicht sind.

Galanthus 'Augustus'
SCHNEEGLÖCKCHEN
☼ ❄❄❄ ↕15 cm ↔8 cm

Die robuste Zwiebelpflanze besitzt recht breite, silbern kannelierte Blätter und auffällig rundliche, große Blüten mit grün gezeichneten inneren Segmenten.

WEITERE SCHNEEGLÖCKCHEN FÜR SAMMLER

Galanthus 'Barbara's Double'
Galanthus 'Benhall Beauty'
Galanthus caucasicus 'Comet'
Galanthus 'Merlin'
Galanthus nivalis ssp. *imperati* 'Ginns'
Galanthus nivalis 'Lady Elphinstone'
Galanthus nivalis 'Sandersii', s. S. 98

Galanthus 'Magnet'
SCHNEEGLÖCKCHEN
☼ ❄❄❄ ↕20 cm ↔6 cm

Die eleganten, duftenden Blüten wiegen sich im leisesten Wind an den langen, schlanken Stengeln. Eine der schönsten, zuverlässigsten Sorten. 🏆

Galanthus nivalis 'Scharlockii'
GEFÜLLTBLÜHENDES SCHNEEGLÖCKCHEN
☼ ❄❄❄ ↕↔10 cm

Diese ausgefallene Sorte des gängigen Schneeglöckchens besitzt nickende Blüten mit grünen Spitzen, die von zwei schmalen Hochblättern umgeben sind.

Galanthus 'Ophelia'
SCHNEEGLÖCKCHEN
☼ ❄❄❄ ↕15 cm ↔20 cm

Mit den gefüllten Blüten ein Muß für jede Sammlung. Die äußeren Segmente enden spitz und sind zuweilen grün gezeichnet. Frühblühende Sorte.

Galanthus 'John Gray'
SCHNEEGLÖCKCHEN
☼ ❄❄❄ ↕15 cm ↔8 cm

Die wunderschöne, zeitig im Jahr blühende Sorte ist eine der begehrtesten. Hängende Blüten an schlanken Stengeln; innere Segmente grün gezeichnet.

Galanthus 'Mighty Atom'
SCHNEEGLÖCKCHEN
☼ ❄❄❄ ↕12 cm ↔8 cm

Außergewöhnliche, doch einfach zu kultivierende Sorte mit attraktiven, langstieligen, violett überlaufenen Blüten, deren innere Segmente grüne Spitzen besitzen.

Galanthus reginae-olgae
SCHNEEGLÖCKCHEN
☼ ❄❄ ↕10 cm ↔8 cm

Das am zeitigsten, bereits im Herbst blühende Schneeglöckchen, das erst nach der Blüte seine silbrig kannelierten Blätter hervorbringt. Sonniger Standort.

Nieswurzen für Sammler

NIESWURZEN BZW. CHRISTROSEN stehen gegenwärtig hoch im Kurs und zählen zu den schönsten Liebhaberpflanzen für teilweise schattige Bereiche im Garten. In kurzer Zeit ist eine Fülle von Formen hinzugekommen, besonders aus China, wo es bereits zahllose Hybriden gibt.

Helleborus atrorubens
NIESWURZ
◐ ❄❄❄ ↕30 cm ↔45 cm

Die rundlichen, tiefgeteilten, langstieligen Blätter sind in jungem Alter oft purpurfarben. Im Spätwinter erscheinen sternförmige Blüten von Purpur bis Grün.

Helleborus lividus
NIESWURZ
◐ ❄❄ ↕45 cm ↔30 cm

Zu den immergrünen, silbrig geäderten Blättern mit rosa Unterseiten gesellen sich im Winter apfelgrüne, rosa überlaufene Blüten. Eventuell Alpinhaus. 🏆

Helleborus multifidus ssp. *hercegovinus*
NIESWURZ
☼ ◐ ❄❄❄ ↕30 cm ↔45 cm

Begehrt wegen ihrer sehr fein geteilten Blätter und der attraktiven gelblichen bis blaßgrünen Blüten im späten Winter oder zeitigen Frühjahr. Filigrane Wirkung.

Helleborus odorus
NIESWURZ
☼ ◐ ❄❄❄ ↕↔50 cm

Diese einfach zu kultivierende Art bringt im Spätwinter und zeitigen Frühjahr eine Fülle intensiv duftender, grüner bis gelblichgrüner Blüten hervor.

WEITERE NIESWURZEN FÜR SAMMLER

Helleborus dumetorum
Helleborus x *ericsmithii*, s. S. 27
Helleborus x *hybridus* 'Little Black'
Helleborus x *nigercors* 'Alabaster'
Helleborus niger 'Potter's Wheel', s. S. 99
Helleborus purpurascens
Helleborus torquatus

Helleborus x *sternii* 'Boughton Beauty'
NIESWURZ
☼ ◐ ❄❄ ↕↔50 cm

Im Spätwinter zeigen sich über immergrünen, geäderten und marmorierten Blättern nickende, grün überlaufene, rosafarbene Blüten. Winterschutz nötig.

Helleborus torquatus, Party-Dress-Gruppe
NIESWURZ
☼ ◐ ❄❄❄ ↕40 cm ↔30 cm

Schöne, ungewöhnliche Gruppe kleiner Pflanzen, die von Winter bis Frühjahr vor dem Blattaustrieb vielpetalige Blüten in zahlreichen Farben tragen.

Helleborus versicarius
NIESWURZ
☼ ❄❄❄ ↕45 cm ↔30 cm

Diese ausgefallene, doch lohnende Art trägt im späten Winter und zeitigen Frühjahr kleine, schalenförmige, grün-purpurne Blüten. Im Sommer zieht die Staude ein.

Elfenblumen für Sammler

DIE EINFÜHRUNG vieler neuer Arten aus China hat die Elfen- oder auch Sockenblume zu einer der begehrtesten Liebhaberstauden gemacht. Die Waldpflanze mit dem schönen immer- oder sommergrünen Laub ist als Bodendecker und zur Unterpflanzung von Gehölzen geeignet.

Epimedium acuminatum
ELFENBLUME, SOCKENBLUME
☀ ❄❄❄ ↕ 45 cm ↔ 75 cm

Horstbildende, immergrüne Staude mit großen, pfeil- oder lanzettförmigen Blättern mit langgespornten, blaßpurpurnen Blüten im Frühling und Sommer.

Epimedium davidii
ELFENBLUME, SOCKENBLUME
☀ ❄❄❄ ↕ 30 cm ↔ 45 cm

Die dunkel glänzenden Stengel dieser Art tragen von Frühling bis Sommer immergrüne, geteilte Blätter und blaßgelbe Blüten mit gebogenen Spornen.

WEITERE ELFENBLUMEN

- *Epimedium franchetii*
- *Epimedium grandiflorum* 'Lilafee'
- *Epimedium grandiflorum* f. *violaceum*
- *Epimedium grandiflorum* 'White Queen'
- *Epimedium* x *perralchicum* 'Wisley'
- *Epimedium pinnatum* ssp. *colchicum*, s. S. 46
- *Epimedium* x *versicolor* 'Sulphureum'

Epimedium grandiflorum
'Rose Queen' **ELFENBLUME**
☀ ❄❄❄ ↕ 30 cm ↔ 45 cm

Die herzförmigen, dreifach geteilten, in jungem Alter kupferfarbenen Blätter bilden einen niedrigen Horst. Langgespornte, tiefrosa Blüten im Frühling. 🏆

Epimedium leptorrhizum
ELFENBLUME, SOCKENBLUME
☀ ❄❄❄ ↕ 25 cm ↔ 45 cm

Mit der Zeit bildet diese Art Horste aus aufrechten Stengeln mit attraktiv geäderten Blättern. Die eleganten, langgespornten Blüten öffnen sich im Frühsommer.

Epimedium x *perralchicum*
'Fröhnleiten' **ELFENBLUME**
☀ ❄❄❄ ↕ 40 cm ↔ 60 cm

Lohnend allein wegen des Laubs aus glänzend dunkelgrünen Blättern, die in jungem Alter bronzen überlaufen sind. Hängende, gelbe Blüten im Frühling.

Epimedium stellulatum 'Wudang Star'
ELFENBLUME, SOCKENBLUME
☀ ❄❄❄ ↕ 40 cm ↔ 30 cm

Eine Fülle kleiner, sternförmiger, weißer Blüten mit langen, gelben Spornen erhebt sich an drahtigen Stengeln über den herzförmigen, immergrünen Blättern.

Epimedium x *versicolor* 'Versicolor'
ELFENBLUME, SOCKENBLUME
☀ ❄❄❄ ↕↔ 30 cm

Kompaktes Polster aus immergrünen, in jungem Alter schön gefärbten Blättern. Im Frühjahr öffnen sich lockere Trauben mit blaßgelben, rosa überlaufenen Blüten.

Pfingstrosen für Sammler

DIE WILDFORMEN dieser wundervollen Staude bringen mit ihren normalerweise ungefüllten Einzelblüten einen ganz besonderen Reiz in den Garten. Ihre Blühdauer ist zwar relativ kurz, aber das attraktive, oft filigrane Laub sorgt über einen wesentlich längeren Zeitraum hinweg für Blickfänge.

Paeonia × *smouthii*
PFINGSTROSE, PÄONIE
☼ ☀ ❄❄❄ ↕↔ 70 cm

Wenig bekannte, doch überaus zuverlässige Hybride mit einem Horst aus fein gefiederten Blättern. Duftende, schalenförmige, leuchtendrote Blüten im Frühsommer.

Paeonia cambessedesii
PFINGSTROSE, PÄONIE
☼ ❄❄❄ ↕ 55 cm ↔ 60 cm

Ausgesprochen elegante Staude mit purpur überlaufenen Stengeln, metallisch glänzenden, graugrünen Blättern und einfachen, rosaroten Blüten im Frühling. 🏆

WEITERE PFINGSTROSEN

- *Paeonia clusii*
- *Paeonia obovata*
- *Paeonia obovata* var. *alba*
- *Paeonia peregrina* 'Otto Froebel'
- *Paeonia tenuifolia* 'Rosea'
- *Paeonia veitchii* var. *woodwardii*
- *Paeonia* 'White Wings'
- *Paeonia* 'Whitleyi Major'
- *Paeonia wittmanniana* 'Yao-huang'

Paeonia mascula ssp. *arietina*
PFINGSTROSE, PÄONIE
☼ ☀ ❄❄❄ ↕ 75 cm ↔ 60 cm

Die kräftige, horstbildende Staude hat hübsch glänzendes, graugrünes Laub und trägt im Frühling becherförmige, rosarote Blüten mit gelben Staubblättern.

Paeonia tenuifolia
NETZBLATTPÄONIE
☼ ❄❄ ↕↔ 45 cm

Im Gegensatz zu den meisten anderen Arten bildet diese Horste aus fein geschlitzten Blättern. Schalenförmige, tiefrote Blüten im Frühling und Frühsommer.

Paeonia emodi
PFINGSTROSE, PÄONIE
☼ ☀ ❄❄❄ ↕↔ 80 cm

Im Spätfrühling erscheinen über einem Horst aus gefiederten Blättern leicht nickende, schalenförmige, duftende, weiße Blüten. Gedeiht auch im Schatten.

Paeonia mlokosewitschii
PFINGSTROSE, PÄONIE
☼ ☀ ❄❄❄ ↕↔ 70 cm

Diese bekannte Art besitzt horstbildende, graugrüne Blätter und trägt im Frühsommer zitronengelbe Blüten, denen leuchtendrote Samenkapseln folgen.

Paeonia wittmanniana
PFINGSTROSE, PÄONIE
☼ ☀ ❄❄❄ ↕↔ 90 cm

Außergewöhnliche Art mit dichten Horsten aus glänzend dunkelgrünen Blättern. Schalenförmige, blaßgelbe Blüten im Sommer, danach rote Samenkapseln.

Register

Die mit dem Symbol ▣ versehenen Seitenangaben verweisen auf Abbildungen.

A

B

C

D

E

H

IJ

K

L

R

S

T

UVW

Bildnachweis

DANKSAGUNGEN DES AUTORS
Wieder einmal danke ich meiner Frau Sue, der es trotz vieler anderer Verpflichtungen gelang, meine handschriftlichen Notizen für dieses Buch zu entziffern und zu tippen. Dank gebührt auch Hatton Gardner für die Überprüfung des Registers sowie David Barker, Joyce Cama, Cliff Dad, Dilys Davies, Pat Jackson, Danae Johnston, Chris Mortimer, Bob Mousley und Ray Wilson von der Hardy Plant Society, die mir mit Vorschlägen zur Seite gestanden haben, ebenso wie Sarah Drew, Jean Fletcher, Hala Humphries, Sabine Liebherr und George Smith. Neben den genannten Personen sollen auch jene nicht vergessen werden, die über viele Jahre mein Interesse an Stauden gefördert haben; ihnen allen gebührt mein herzlicher Dank. Last but not least, danke ich meinem Lektoren-Team, anfänglich bestehend aus Lesley Malkin und Colin Walton, hauptsächlich aber Anna Cheifetz und Helen Robson. Danke für Geduld und die Unterstützung.

Der Originalverlag **DORLING KINDERSLEY** dankt Howard Rice für seine zusätzliche Hilfe, Ann Kay für das Fahnenlesen, Lesley Malkin und Colin Walton für ihre Unterstützung in der ersten Phase des Projekts sowie Simon Maughan für das Scannen der Bilder.

BILDNACHWEIS
Schlüssel: l=links, r=rechts, o=oben, M=Mitte, u=unten
Speziell angefertigte Fotos: Howard Rice, Colin Walton, Andrew Henley; zusätzliche Fotos: Clive Boursnell, Deni Bown, Jonathan Buckley, Andrew Butler, Eric Crichton, Andrew de Lory, Christine Douglas, John Fielding, Neil Fletcher, John Glover, Derek Hall, Jerry Harpur, Sunniva Harte, Neil Holmes, Andrew Lawson, Howard Rice, Robert Rundle, Juliette Wade, Colin Walton, Matthew Ward, Steven Wooster.
Agenturfotos: Garden Picture Library: John Glover 2, 12ur, 88or, 136ul; Steven Wooster 14ur, 42ul, 113; Jerry Harpur (Design: Sheila McQueen): 9u; Andrew Lawson (Design: Wendy Lauderdale): 14ul; Scope Features: Steve Poole 8or; Derek St Romaine: 11or; Howard Rice: 4, 9or, 10ul, 10ur, 11ol, 13ol, 13or, 13ur, 15, 27uM, 27or, 39ur, 42ur, 43, 70ol, 70ul, 70uM, 70ur, 71uM, 71or, 88ul, 88ur, 89, 97uM, 112ul, 112or, 134ul, 137; Roy Lancaster: 8ul, 22ol, 22ul, 24ul, 30ul, 30oM, 31or, 36or, 38or, 40ur, 64ol, 76or, 83uM, 98ul, 102oM, 11uM, 118or, 123oM, 123uM, 127or, 128Mr, 133MM, 134ul, 134uM, 135or, 136or, 139ur, 142uM, 143ol, 147ur, 148Ml, 148oM, 148Mr; Matthew Ward: 10ol, 12Ml (Gefäße von Malcolm Hillier).

DANKSAGUNGEN DER FOTOGRAFEN
In England: Alan Shipp, Beth Chatto Gardens, Bressingham Gardens, Broadlands Gardens, Cambridge Alpines, Cambridge Bulbs, Cambridge Garden Plants, Cambridge University Botanic Gardens, David Austin Roses Ltd., Fulbrooke Nursery, Goldbrooke Plants, Hadlow College, Hopleys Plants Ltd., John Morley, Langthorns Plantery, Monksilver Nursery, Paradise Centre, Peter Lewis, Potterton and Martin, Rickard's Hardy Ferns, Mrs. Sally Edwards, West Acre Gardens. In Australien: Birchfield Herbs (Marcia Voce), Buskers End (Joan Arnold), Elizabeth Town Nursery (John und Corrie Dudley), Essie Huxley, Garden of St. Erth, Island Bulbs (Kevin Fagan, Viv Hale), Lambley Nursery (David Glenn), Moidart Wholesale Nursery (Graham Warwick), Otto Fauser, Penny Dunn, Rosevears Nursery (Rachael Howell) Sally Johansohn, Suz Price, Theresa Watts, Woodbank Nursery (Ken Gallander), Yates.